日本は過去とどう向き合ってきたか

〈河野・村山・宮沢〉
歴史三談話と
靖国問題を考える

明治大学教授 日本近現代軍事史
山田 朗
Yamada Akira

高文研

はじめに

歴史から学ぶことの意味

歴史から学ぶということは、私たち人間にとってきわめて大切なことである。なぜなら、人間は、自分自身の体験以外から学ぶことができる唯一の動物だからである。

たとえば、私たちは、過去にさまざまな戦争の事例を数多く経験してきている。戦争に関しては多くの記録や証言が残されており、私たちは直接に自分で体験しなくても、過去の人々のさまざまな経験や、時には過去の人々が尊い生命を失って得た教訓から多くのことを学んだり、考えたりすることができる。過去の歴史から教訓や一定の傾向性のようなものを見いだして、それを自分たちの将来のために生かすことができるのが、私たち人間の知恵であるといえる。そのために、人間は、洋の東西を問わず、古くから自分たちが経験したことがらの記憶を歴史として書き残してきた。そして、常に、自分たちが生きるその時代の価値観と要請にもとづいて歴史を書き直してきた。これらの営みは、いずれも人間が過去の経験に学び、時には反省し、よりよい現在と未来をつくるためのものであったといえる。

歴史から学ぶというと、単に過去のことを知識として知ることだと思っている人も多いようだが、それだけではない。歴史から学ぶということは、過去の歴史という〈鏡〉をつかって、現代人が見えなくなっているところを気付かせたり、あるいは、過去の人々が得た経験や教訓から、私たちはこのように歩むべきだとか、逆に、あのように歩むべきではないといったことを考えたりすることである。つまり、過去の人々の経験や教訓の巨大な宝庫である歴史から学ぶことで、私たちは自分たちの未来を構想しやすくなるということである。

歴史から学ぶために歴史を直視する

ところで、人間は過去の経験（歴史）から学ぶことができる唯一の動物だ、と述べたが、それだから、人間は失敗をくり返さないのかと言えば、残念ながらそうでもない。私たちが歴史から常に正しく教訓を導き出せるわけではないし、人間は歴史から学ぶという叡智を持っていると同時に、どんなに貴重な経験や教訓であっても、それをしばしば忘れてしまったり、時には、過去の失敗を強引に「失敗ではなく、むしろ成功したのだ」といった奇妙な総括をしてしまうという厄介な弱点も有している。したがって、過去の歴史を知識として知っただけでは、必ずしもそれを活かすことにはつながらない。

現代の私たちにとって平和創造のために日本や世界の近現代史を再確認することはきわめて重要である。とりわけ、平和を脅かしてきた軍拡・膨張政策・戦争を軸に日本の近現代史を検討することが必要である。私たちの社会も私たち自身も過去が現在の土台として存在し、現在を前提として未来がある以上、過去を客観的にふり返ることで現在と未来が見えてくる。そして、その際に、なにより大切なことは、歴史を直視するということである。過去の歴史には、現在を生きる私たちにとって、理解しがたいこと、目を背けたくなること、傷つけられるようなことが数多く存在する。人間の心性として、できればそういったものは見たくない、知りたくないと思いがちである。だが、本当に歴史から学ぶということを考えるのであれば、快いことや、楽しいこととあわせて、そうした負の側面も直視する必要がある。なぜなら、そういった負の側面は、往々にして忘却されてしまうからである。忘却されるということは、二度と繰り返してはならないような深刻な歴史の経験を生かせないということであり、そうした失敗を繰り返してしまう可能性も高いということである。

昨今、政界やインターネット上では、日本近現代史の負の側面をあつかうことを「自虐的」であるとか、「反日的」であるなどと言って、そうした「日本人の誇りを傷つける」ようなことをあえて無かったことにしようとする歴史修正主義の動きが盛んである。歴史を直視することなく、実際にあったことを見ようとしないで得られる「誇り」というものは、いったいどういったものであるのか。一時的に「日本人の誇りを傷つける」ような事象であっても、それを直視し、そうした事象の後始末や、今後の歴史に生かす試みを主体的にできることこそ真の人間の「誇り」ではないだろうか。人間の「誇り」とは、いたずらに、過去の歴史の「栄光」を自画自賛することで得られるものではなく、歴史を直視することを土台にして、過去の負の遺産を克服しようとすることから生まれるものではないかと思う。

歴史を直視することで歴史認識のギャップを埋める

戦争・軍拡の根源は、基本的に政治的対立であり、戦争は政治の手段である。そして、その政治的対立の要因は、利害の対立、歴史認識（民族・宗教）の対立にある。経済的・政治的利害にもとづく対立というのはわかりやすいが、一般に民族（部族）対立とか宗教対立と表現される対立は、実際には国家・民族間の歴史認識の対立であることが多い。したがって、国家・民族間の歴史認識の対立を克服するための努力は、私たちにとって戦争・軍拡の根源でもある政治的対立を解消するためにも重要なことなのである。

国家・民族間の歴史認識の対立を克服するためには、自国史・他国史を直視し、その正確な認識が必要であり、そのためには〈実際に何があったのか〉という点の追究が基礎になる。複数の国家・民族が歴史認識の上で完全な一致を見ることはきわめて困難でも、共通の土台（議論の土俵）を築くことは可能である。私たちが当面めざすべきはここなのかもしれない。

本書の構成とねらい

本書は、次のような構成になっている。

Ⅰ　歴史認識三談話をめぐって――政界に広がる歴史修正主義

本書の柱は四つある。第一は、政界・ネット上でひろがる歴史修正主義が「日本人の誇りを傷つける」ものとして攻撃している「河野談話」（「慰安婦」問題〈註〉）、「村山談話」（侵略・植民地問題）、「宮沢談話」（近隣諸国条項）の捉え方、第二は、歴史修正主義者の「誇り」の源となっている靖国神社と特攻作戦について、第三は、「克服されていない戦争観」の克服、第四は、現代における〈戦争責任〉の捉え方である。

本書では、まず最初に、「Ⅰ　歴史認識三談話をめぐって——政界に広がる歴史修正主義」において「河野談話」、「村山談話」、「宮沢談話」の三つの歴史認識関係の談話がそもそもどういうもので、それらが本当に「日本人の誇りを傷つける」ようなものなのか、歴史を直視する観点から検討し、争点の「慰安婦」問題、南京大虐殺の問題にも少し踏み込むつもりである。

そして第二に、「Ⅱ　靖国問題をめぐって——戦没者の『慰霊』と特攻」として、靖国問題が必然的に国際問題になる要因と、今日、日本人の「誇り」の源とみなされている特攻について、その実態を具体的に検討することで、特攻を直視する際に何を忘れてはいけないのかを論じる。

続いて第三に、「Ⅲ　歴史修正主義を支える戦争観」において歴史修正主義の「養分」

となっている戦争観、「克服されていない戦争観」を具体的にとりあげ、そうした歴史観がどういう点で歴史を直視できていないのかを検討する。

最後の第四では、「Ⅳ　現代における〈戦争責任〉とは何か」において、現代における〈戦争責任〉追及は歴史を直視することそのものであることを、天皇の〈戦争責任〉問題と戦争体験のない世代の〈戦争責任〉を論じることで明らかにしたい。

本書が、歴史認識問題を考えようとする人びとの助けになれば幸いである。

山田　朗

＊―目次

II 靖国問題をめぐって――戦没者の「慰霊」と特攻

III　歴史修正主義を支える戦争観

装丁＝商業デザインセンター・増田絵里

I

歴史認識三談話をめぐって

——政界に広がる歴史修正主義

1　政界における歴史修正主義の蔓延

政界に歴史修正主義が蔓延している。橋下徹・日本維新の会共同代表の「当時世界各国がやっていたのに、なぜ日本だけが特別な批判を受けるのか」という「慰安婦」発言（二〇一三年五月一三日）が内外からの厳しい批判をあびたが、こうした歴史修正主義的な発言は、橋下氏に限ったことではなく、昨今の自由民主党・日本維新の会などの政治家に広く見られるものである。

ここでは、政界に広がる歴史修正主義のねらいと特徴を、安倍晋三首相や閣僚の著作・発言から明らかにするとともに、第一次安倍内閣（二〇〇七年）の際の「慰安婦」問題に関する政府答弁書の役割を考察し、そういった歴史認識と改憲策動・「教育再生」の動きがどのように連動しているのか、その関係性を明らかにしたい。

「国に対して誇りをもつ」ための歴史教育

安倍晋三氏は著書『新しい国へ——美しい国へ　完全版』（文春新書）の中で次のように述べ、国家あるいは国家主義を「悪」とみなす戦後教育にこそ問題の根源があるという見方を示している。

戦後日本は、六十年前の戦争の原因と敗戦の理由をひたすら国家主義に求めた。その結果、戦後の日本人の心性のどこかに、国家＝悪という方程式がビルトインされてしまった。だから国家的見地からの発想がなかなかできない。いやむしろ忌避するような傾向が強い。戦後教育の蹉跌のひとつである〈註1〉。

歴史的に見れば、戦争の原因は、単なる国家主義ではなく近代日本の膨張主義政策に、敗戦の原因は冒険主義的な戦略と目的と見通しを欠いた戦争指導にこそ求めるべきであると思うが、安倍氏の理解では、国家主義が元凶であるとみなす見解が、戦後教育によって広まったとされている。

そして、同書の中で安倍氏は、一九八〇年代イギリスにおいて「誇りを回復させたサッチャーの教育改革」〈註2〉をとりあげ、「自虐的な偏向教育の是正」に成功したことが、その後のイギリスの復活をもたらしたと説いている。この場合の「自虐的な偏向教育」とは、「イギリスの歴史は植民地支配の歴史」「収奪の歴史である」などと描く歴史教科書のことを指している。

帝国主義の支配と収奪をありのままに描いた教科書が登場したことは、科学的な歴史学研究の成果であると思われるが、サッチャー政権の教育改革は、こうした「たいへん自尊心を傷つける教科書」を是正することに主眼が置かれたのだという。そして、サッチャーは、忘れ去られた大英帝国の「よき価値観」の再構築をおこなおうとしたのだと安倍氏は強調している。若者が、国に対して誇りをもつこと、そのためには伝統的価値観に回帰すること〈註3〉が重要で、日本でも「大胆な教育改革」が必要であるとする。

安倍氏は、二〇一二年一〇月、自民党の教育再生実行本部の初会合で、「〔第一次安倍内閣の下で〕教育基本法を全面改正し『我が国と郷土を愛する態度を養う』などの教育目標を定めたが、この精神は教育現場に生かされていない」〈註4〉と述べている。「我が国と郷土を愛する態度を養う」のは「国に対して誇りをもつ」ためということになるだろう。

河野・村山・宮沢＝歴史認識三談話排除のうごき

若者が「国に対して誇りをもつ」ために、教育を通じてどのような歴史像を与えようというのか。政府の教育再生実行会議の委員に「新しい歴史教科書をつくる会」元会長の八木秀次氏（高崎経済大学教授）が加わっていることからも、その目指すところは明らかであるが、少なくとも、安倍氏らが「自虐的」と断じるような、まさに国家・国家主義を批判しているとみなされるもの、「日本人としての誇りを傷つける」とみなされるものを教育現場から排除しようとしていることは明らかである。

だが、史実としての植民地支配や侵略・戦争とそれにともなう「負の遺産」ともいうべき部分を見せないで得られる「誇り」とはいったいどのようなものなのであろうか。事実認識にもとづかない「誇り」とは、本当の歴史や自国の姿を知らない単なる自画自賛ということではないだろうか。

そして、安倍氏をはじめとして安倍内閣の閣僚たちの多くが、「自虐的」なるもの、「誇りを傷つける」ものを排除するために、まず、政府の足かせとなっている談話の類いを実質的に取り除こうと躍起になっている。具体的には、「河野談話」（「慰安婦」問題）、「村山談話」（侵略・植民地支配）、「宮沢談話」（教科書検定における近隣諸国条項）の三談話である。そして、これらの談話を排除した上で、靖国問題でより強硬な見解を確立しようとしている。二〇一三年五月の橋下発言とそれへの批判が国際的な広がりを見せるなかで、三談話排除の動きはやや後退したように見えるが、政局次第でこれらが再び浮上してくることは必至であろう。

2 「河野談話」――「慰安婦」問題とどう向き合うべきか

「河野談話」とは

「河野談話」とは、宮澤喜一内閣のもとで、一九九三年八月四日に出された「慰安婦関係調査結果発表に関する河野内閣官房長官談話」のことである。まず、この談話が発表されるにいたる経緯にふれておこう。

一九九一年一二月に韓国の元「慰安婦」であった金学順さんらが、日本政府へ謝罪と補償を求める訴訟を初めて起こした。また、一九九二年一月一一日には、中央大学教授の吉見義明氏が、旧陸海軍の文書を保存している防衛研究所図書館（防衛省所管）において、旧日本軍と植民地当局が慰安所の設置・管理、「慰安婦」の徴集・管理に直接に関わっていたことを示す公文書を多数発見し、マスコミに公表したため、政府は、公の機関が「慰安婦」「慰安所」に関与していたということを認めざるをえなくなり、同月一三日に、加藤紘一官房長官（宮澤喜一内閣）が、「慰安婦」問題で日本軍の関与を認め、宮澤首相も「慰安婦」問題で韓国に陳謝することになった。

しかし、この段階では、軍は関与した（「慰安所」を日本の軍人が使用したという意味では、「関与した」といえる）ものの、「慰安婦」を集めたり、「慰安所」を管理したのは民間業者であると政府は説明していた。その後、日本政府は旧軍関係者らからの聞き取り調査と史料調査の末（第一次調査）、一九九二年七月六日、一二七件の資料を公表するとともに、「慰安婦」の募集・「慰安所」管理への国の関与を公式に認めた。

また、この段階でも、政府は、確かに国（軍と内務省・植民地当局）が「慰安婦」の募集・「慰安所」管理に関与したことは認めたものの、「慰安婦」は強制的に集められたものではなく、いわば主体的に募集に応じたものだという説明をしていた。このため、その「強制性」をめぐって、韓国側から批判が出て、一二月には元「慰安婦」たちなど計四名が、山口地方裁判所下関支部に公式謝罪と賠償を求めて裁判を起こすにいたった（これを「関釜裁判」という）。

その後、この裁判と韓国世論に対処するために、政府も一九九三年七月に韓国における

「慰安婦」被害者からの聞き取り調査などを進めた結果（第二次調査）、出されたのが「河野談話」である。この談話で日本政府は、「慰安婦」に関する政府調査結果をあらためて発表し、「強制性」を認め、「おわびと反省」を表明するに至ったのである。談話の最も重要な点は、以下の部分であろう。

今次調査の結果、長期に、かつ広範な地域にわたって慰安所が設置され、数多くの慰安婦が存在したことが認められた。慰安所は、当時の軍当局の要請により設営されたものであり、慰安所の設置、管理及び慰安婦の移送については、旧日本軍が直接あるいは間接にこれに関与した。慰安婦の募集については、軍の要請を受けた業者が主としてこれに当たったが、その場合も、甘言、強圧による等、本人たちの意思に反して集められた事例が数多くあり、更に、官憲等が直接これに加担したこともあったことが明らかになった。また、慰安所における生活は、強制的な状況の下での痛ましいものであった。

なお、戦地に移送された慰安婦の出身地については、日本を別とすれば、朝鮮半島が大きな比重を占めていたが、当時の朝鮮半島は我が国の統治下にあり、その募集、移送、管理等も、甘言、強圧による等、総じて本人たちの意思に反して行われた〈註5〉。

「河野談話」はそれまでの政府見解からさらに踏み込み、「慰安婦」の募集において「本人たちの意思に反して集められた事例が数多く」あること、「慰安所」における生活についても「強制的な状況の下での痛ましいもの」であることを表明した。これは、「慰安婦」制度に関する研究者の見解と体験者からの聞き取り調査にもとづいたもので、今日でも事実認識においてその妥当性を失っていない。なお、引用文からも明らかなように、「河野談話」は、「慰安所」における生活が「強制的な状況」とは述べているが、「強制連行」されたとは言っていない。

しかし、二〇一二年一二月三〇日に『産經新聞』のインタビューに答えた安倍首相は、「河野談話」について次のように述べている。

平成五年の河野洋平官房長官談話は官房長官談話であり、閣議決定していない談話だ。〔平成〕一九年三月には前回の安倍政権が慰安婦問題について「政府が発見した資料の中には軍や官憲によるいわゆる強制連行を直接示すような記述は見当たらなかった」との答弁書を閣議決定している。この内容も加味して内閣の方針は官房長官が外に対して示していくことになる〈註6〉。

「河野談話」は、談話本文からも明らかなように「慰安婦」が「強制連行」されたなどとは述べていないにもかかわらず、安倍氏は、あたかも談話に事実誤認があったかのように言っている。

二〇〇七年政府答弁書の問題点

それでは、ここで言及されている第一次安倍政権時の「強制連行を直接示すような記述」がないという政府答弁書をあらためて確認してみよう。この答弁書は、二〇〇七年三月一六日付の「衆議院議員辻元清美君提出安倍首相の『慰安婦』問題への認識に関する質問に対する答弁書」である。そこには次のように記されている。

お尋ねは、「強制性」の定義に関連するものであるが、慰安婦問題については、政府において、平成三年十二月から平成五年八月まで関係資料の調査及び関係者からの聞き取りを行い、これらを全体として判断した結果、同月四日の内閣官房長官談話（以下「官房長官談話」という。）のとおりとなったものである。また、同日の調査結果の発表までに政府が発見した資料の中には、軍や官憲によるいわゆる強制連行を直接示すような記述も見当たらなかったところである〈註7〉。

この答弁書の文中の「これらを全体として判断した結果、同月四日の内閣官房長官談話のとおりとなった」としている談話は、「河野談話」そのものである。つまり、第一次安倍内閣時の「慰安婦」問題に関する政府答弁書は、「河野談話」をすべて容認しているものなのである。しかし、安倍首相は、この答弁書でも内容を容認している「河野談話」についてあたかも不備があったかのように発言し、「政府が発見した資料の中には、軍や官憲によるいわゆる強制連行を直接示すような記述も見当たらなかった」点のみを強調している。もっとも、安倍氏にとっては、もともとこの一文のみが言いたかった答弁書であったと思われる。

この政府答弁書が出る前には、二〇〇六年一〇月一六日に『読売新聞』が社説において米下院の国際関係委員会が「慰安婦」問題について日本非難決議案を議決したことに関して、「決議案は、『二〇万人もの女性が性奴隷にされた』『家から拉致され…性的な強制労働につかされた』などと、裏づけのない記述が数多く含まれている」「九〇年代半ばには、学術レベルでは『強制連行』はなかったことで決着がついた問題」などと記している。

この社説で「決着がついた」とされる一九九〇年代の半ばには、吉見義明『従軍慰安婦』（岩波新書、一九九五年）、吉見義明・林博史編『共同研究・日本軍慰安婦』（大月書店、一九九五年）があいついで発表され、学術レベルの議論が深まった時期である。その後、「慰安婦」の「強制連行」を否定する秦郁彦『慰安婦と戦場の性』（新潮社、一九九九年）が出されたが、「強制連行」はなかった、という点で決着がついたわけではない。しかし、秦郁彦氏の「強制連行」否定説→『読売新聞』社説→二〇〇七年政府答弁書とつながる流れができたことも確かである。

二〇〇七年の政府答弁書や安倍氏の言う「慰安婦」の「強制連行」とは、人さらいのような暴力的な拉致という狭義の意味での「強制連行」を指しているものと思われるが、いくら何でも力ずくで連行してこい、というような直接的な表現の官憲資料はそもそもが稀有なものであろう。しかし、それでも、スマラン事件（白馬事件）では、オランダ人「慰安婦」がまさに「強制連行」されたことを示す資料を政府が確認していたという。答弁書の内容が正確でなかったことはすでに明らかになっている。

スマラン事件とは、一九四四年日本軍占領中のインドネシア・ジャワ島において、南方軍管轄の第一六軍幹部候補生隊に属する軍人たちが、抑留所（民間人の収容施設）にいたオランダ人女性三六人をスマランにあった「慰安所」四カ所に強制連行し「慰安婦」としたもので、関係者は、戦後オランダ臨時軍事法廷でBC級戦犯として裁かれ、軍人・業者らに有罪が宣告されている。

このスマラン事件における「慰安婦」強制連行の事案は、すでに一九九五年の時点で、吉見義明『従軍慰安婦』（岩波新書）において紹介されている。二〇〇七年政府答弁書の段階で、政府は自らの調査で、スマラン事件についての資料を確認しながら、それを隠蔽して「軍や官憲によるいわゆる強制連行を直接示すような記述も見当たらなかった」と公表したのである。そういった事実誤認（隠蔽）をともなう政府答弁書の一部をごく最近になっても繰り返し取り上げていることは、こちらの方が問題であると言わざるをえない。

しかしながら、歴史的事実とは無関係に、この第一次安倍内閣の答弁書の「強制連行を直接示すような記述も見当たらなかった」という一節は、歴史修正主義者の中で「慰安婦の強制連行はなかった」という政府見解が示されたと歪曲され、さらに「慰安婦は強制されたものではなく自由意志だ」、要するに「公娼と同じだ」、「合法的なものだった」、さらには「売春一般と同じだ」と、曲解はさらにエスカレートしていった。橋下徹・日本維新の会共同代表の発言もこの延長線上にあるものである。

「慰安婦＝合法」論の問題点

「慰安婦」問題に関する橋下発言をめぐっては、実に奇妙なことが起きた。橋下発言に対して、安倍内閣の閣僚である稲田朋美行革担当相が、発言の翌日、五月一四日の定例記者会見で「慰安婦制度は大変な女性の人権に対する侵害だ」〈註8〉と語り、橋下氏を批判したのである。だが、当の稲田氏自身が、二〇一二年八月三一日に『産經新聞』に寄せた論説文の中では、「慰安婦問題については、強制連行した事実はない」「当時は慰安婦業は合法だった」〈註9〉と堂々と記しているのである。橋下発言に対する世論の反応の激しさから批判せざるをえなくなったものの、実は稲田氏も橋下氏と全く同じ歴史認識の持ち主だったというわけである。彼らの歴史認識というものは、このように、都合が悪くなると、いとも簡単に正反対のものに変化してしまうものなのである。

そもそも「慰安婦は合法」という見解は、「慰安婦」が当時の公娼制度にもとづくものであるという誤解が基礎になっている。公娼＝娼妓は、一九〇〇年に制定された「娼妓取締規則」（内務省令第四四号）によって相当厳しく管理されていた。鑑札をもった登録業者だけが営業を許され、娼妓も登録された者だけに限定され、一八歳未満のものは娼妓になれなかった。年齢制限をしている理由は、「年齢ニ制限ヲ設ケサレハ思量ナキノ女子ニシテ他人ノ誘惑若クハ誘拐セラレテ娼妓トナリ一生ヲ誤ル者アルヲ以テナリ」〈註10〉ということで、誘惑・誘拐によって娼妓にされることを防ぐためである。これが実効あるものであったかはさておき、制度の上では、公娼制度のもとにおいても自分の意志に反してだまされて娼妓にされることは違法とされていたのである。

戦地における「慰安所」は民営のもの、軍が直接に管理・運営するものがあったが、そこで働かされている「慰安婦」の多くが詐欺的手段（誘惑・誘拐）で連れてこられたことには、数え切れないほどの証言がある。「慰安所」の管理にあたっていた憲兵でさえ、「これだけ多数の女性だから、なかには強制的につれてこられた者も少なくないだろう」、「つぎつぎと開設される施設に、この種の女性が容易に補充されることも、まことに不思議であった」「かなりの人数をよくも動員できるものである」〈註11〉と回想している者もいる。

これは、公娼制度を前提にしても、「慰安婦」制度がけっして「合法」であったとは言いがたいものであったことを示している。

「慰安婦」問題の本質はなにか

一九九三年の「河野談話」を政府が出すにいたる経過で、もっとも重要な働きをしたのが、吉見義明氏が発見した一連の公文書である。これらの資料は活字化され、吉見義明編『従軍慰安婦資料集』（大月書店、一九九二年）として公刊されている。それらの資料群からわかることは、戦前日本の公的機関（官憲）が、「慰安婦」の募集・「慰安所」管理という深いレベルで関与していたということである。

もう少し具体的に言うと、公文書からわかることとして、公的機関が、「慰安婦」の募集に関与したというのは、内務省が軍当局の要請をうけて、朝鮮総督府に対して、人数を示して「慰安婦」を集めるように通達していること、総督府側はそれを地方ごとに人数割りして数をそろえるよう行政機関に命じていることなどがある。また、公的機関が、「慰安所」管理に関与したというのは、戦地においては「慰安所」は軍が建物を建設したり、既存の建物を借り上げたりして、その「使用規則」などを軍が定め、「慰安婦」の健康管理（具体的には性病検査など）には軍医があたり、兵士の使用にあたっては憲兵が監視する、ということがしばしばあったことを指している。

さて、「慰安婦」の問題に、日本の公的機関が深く関与したことは、動かしがたいことだと思われるが、「慰安婦」の募集・応募が「強制性」をともなったものであったかどうかは、次の問題として残る。

よく、「慰安婦」は「強制連行」されたものではなく、自らの意思で応募したのだと、主張する人がいる。確かに募集に応じて、自ら進んで「慰安婦」になった人はいる。しかし、それはほとんどの場合、日本国内で売春を職業にしていた人たちだと思われる。けれども、「慰安婦」の大部分は、そうした人たちではなかった。日本では、「慰安婦にされた人のほとんどが元々売春婦だった」などと言う人がいるが、それは明らかに誤りだ。日本側は、軍の要請で、性病に感染していない（その恐れがない）女性を集めようとした。性病が軍隊内で蔓延すると、戦力が低下するからである。したがって、「慰安婦」は、そういったことを職業にしていた人は、なるべく排除した上で、集められたのである。

そもそも「慰安婦」問題の本質は、それが「ひとさらい」的な「強制連行」であったのか否か、商行為であったか否かではなく、多くの場合、「慰安婦」を植民地や占領地で公的機関（総督府や軍政機関あるいは軍）が介在して強権的に、あるいは詐欺的手段によって、少なくとも本人の意思に反した形で徴集したということにある。もちろんなかには、前述したように自分の意思で「慰安婦」になった人もいるであろうが、本質は、公的機関が関係した間接的な強制性——行政区画ごとに徴収すべき人数を割り振って、その目標達成を公権力が強いた——という点にある。

「慰安婦」の問題は、当時の①日本軍のあり方（多数の「慰安所」を必要とした）、②植民地支配のあり方、③女性の置かれた位置、そして、④戦後補償のあり方、という四つの大きな問題を浮き彫りにするものである。こうした重要問題の焦点に「慰安婦」の問題があるからこそ、現在でも大きな問題になっているのである。

また、官憲が関与しつつも、制度外の「慰安所」「慰安婦」が存在していたことも明らかになっている。例えば、中国戦線においても正式の「慰安所」が置かれない前線近くでは、ドキュメンタリー映画『ガイサンシーとその姉妹たち』に描かれた山西省の事例のように、駐屯した日本軍が現地の女性を監禁して（あるいは現地有力者から女性の提供をうけて）「慰安婦」にしていた〈註12〉。正規の「慰安婦」ではなく、日本軍が現地で拉致し、日本軍のトーチカ（砲や機関銃などをそなえた小拠点陣地）や近辺の民家などの中に長期間にわたって監禁して、日本軍将兵たちにほしいままに輪姦され続けた、文字通りの「性奴隷」であった。

日本軍は、監禁した彼女たちに性暴力を続け、彼女たちがあまりの過酷な扱いに身体を壊せば治療するのではなく、いったんは家に帰し、回復すると再び拉致・監禁して、また身体を壊すまで性暴力を繰り返した。「慰安所」における正規の「慰安婦」も軍の監視下で監禁され、性暴力にさらされていたことには変わりないが、「ガイサンシーとその姉妹たち」のような、いわば非正規の「慰安婦」は、報酬はおろか、性病の検査や治療も、避妊の手だてもいっさいなされずに、しかも、憲兵の取り締まりも及ばない最前線のまったくの無法地帯で、いつ殺されるかもしれない極限状態におかれ続けたのである。

「慰安所」や「慰安婦」の話は、厳然たる歴史的事実であるにもかかわらず、歴史修正主義者にとってはまさに日本人の「誇りを傷つける」ものとみなされ、「強制連行」の有無の問題に矮小化され、その存在自体が隠蔽されようとしている。人間の誇りというものは、事実を見なかったり、事実を歪曲することから生まれるものであってはならないはずだ。

3「村山談話」――近代日本の対外侵略と植民地支配にどう向き合うべきか

「村山談話」とは

村山談話とは、一九九五年八月一五日に村山富市首相がおこなった「戦後五〇周年の終戦記念日にあたって」と題した談話のことである。この談話の最重要部分は以下の一節である。

わが国は、遠くない過去の一時期、国策を誤り、戦争への道を歩んで国民を存亡の危機に陥れ、植民地支配と侵略によって、多くの国々、とりわけアジア諸国の人々に対して多大の損害と苦痛を与えました。私は、未来に誤ち無からしめんとするが故に、疑うべくもないこの歴史の事実を謙虚に受け止め、ここにあらためて痛切な反省の意を表し、心からのお詫びの気持ちを表明いたします。

前掲の『産經新聞』のインタビュー（二〇一二年一二月）で安倍首相は「村山談話」にも次のように言及している。

終戦五〇年を記念して当時の自社さ政権で村山富市元首相が出した談話だが、あれからときを経て二一世紀を迎えた。私は二一世紀にふさわしい未来志向の安倍内閣としての談話を発出したいと考えている。どういう内容にしていくか、どういう時期を選んで出すべきかも含め、有識者に集まってもらい議論してもらいたい〈註13〉。

ここでは「村山談話」を直接的に否定はしていないが、少なくとも安倍氏が「村山談話」を「二一世紀にふさわしい未来志向の」談話だとは思っていないことは明らかで、新しい談話を発出することで、「村山談話」を消し去りたい意図は隠せない。このまま、安倍内閣が続けば、二〇一五年の「戦後七〇年」には、おそらく「安倍談話」が発出されることになるだろう。

安倍首相の「侵略」認識

二〇一三年四月二三日の参議院予算委員会において、自民党・丸山和也議員は、安倍首相に対して次のように質問している。弁護士の丸山氏も「村山談話」を消し去りたい一人であるようだ。（丸山・安倍両氏の質疑応答を要約して紹介する）

歴史認識問題に関して、戦後五〇周年に出された「村山談話」は、内容があいまいで、非常に問題だ。これについての評価がいろいろ分かれている。私は、これを読んで、非常に問題がある、最後から二段目について、三点問題あり。

①「遠くない過去の一時期」、これはいつを指しているのか？　いつからいつまでなのか？

②「国策を誤り」、どういう国策を誤ったのか？　どういう国策を取るべきだったのか？

③「植民地支配と侵略によって」、この植民地というのはいろいろな定義がある。イギリスのインド支配、日本の例えば、植民地といわれている日韓併合、国と国

との合意によってなされたものもある。

以上、あいまいなまま、すみません、と、事なかれ主義で、ま、なかよくやりましょうよ、といった文章になっている。

こういう談話であっては、歴史的価値は、まったくない、と私は思う。これについて総理は、どう思われるか？〈註14〉

丸山議員のこの質問に対して、安倍首相は、明らかに賛同して回答している。

丸山議員が質問された点は、まさにこれはあいまいな点と言ってもいいと思う。

特に、侵略という定義については、これは、学会的にも国際的にも定まっていないと言ってもいいんだろう、と思う。それは、国と国との関係においてどちらから見るかということにおいて、違うわけだ。そういう観点からも、そういう談話においては、そういう問題が指摘されているのは事実ではないかと思う〈註15〉。

しかし、その後、五月の橋下発言が内外に大きな波紋を広げると、歴史認識問題が選挙に不利と判断したためか、七月三日の党首討論では、「私は植民地支配、あるいは侵略をしていなかったということは言っていない。しかし、それを定義する立場にはない。そういう謙虚さが必要だ」と述べ、「侵略」について明確に述べないことが「謙虚」なことだという見解を示した。

政府は、この問題が広がることを懸念したのか、菅義偉官房長官が七月三日の記者会見で「公式には、首相も村山談話を引き継ぐと申し上げている」と述べ、首相の発言に村山談話を否定する意図はないとの考えを示したとされ〈註16〉、いったんは「村山談話」継承ということになった。だが、これが安倍氏の本心でないことは明らかであろう。安倍氏にとっては、侵略とは「国と国との関係においてどちらから見るかということにおいて、違う」もの、つまり相手が「侵略だ」と言っても、「こちらから見ればちがう」ということだからだ。安倍氏はその著書の中で述べている。

その時代に生きた国民の視点で、虚心に歴史を見つめ直してみる。それが自然であり、もっとも大切なことではないか〈註17〉。

その時代に生きた人間の視点で歴史を見るとは、一見もっともなように聞こえるが、これはその時代の多くの人たちは侵略として意識していなかったのだから、現代の私たちも侵略と考える必要がない、ということである。歴史というものに批判もなければ、反省も挟み込む余地がないという歴史認識である。安倍氏の著書『新しい国へ』(旧タイトル『美しい国へ』)を読んでも、日韓関係・日中関係や靖国問題については多くが述べられているが、日中戦争や朝鮮に対する植民地支配については、一言の言及もない。「侵略」はどう定義するかという問題ではなく、歴史的事実をどう認識するのかという問題のはずである。

〈南京大虐殺〉は「幻」だったのか――日本軍将兵の目撃記録

「村山談話」における「侵略」について、歴史修正主義者は侵略の「定義」の問題に議論をすりかえようとしているが、戦争や植民地支配の現場で何が起こっていたのか、これを直視することが何よりも大切なことだ。

ここでは、近代日本国家がおこなった戦争の侵略性・残虐性をシンボリックに示している〈南京大虐殺〉についてふれてみよう。〈南京大虐殺〉は、「慰安婦」問題とならんで、歴史修正主義者がもっとも「幻」としたがっている事件である。

〈南京大虐殺〉が、歴史認識問題の焦点になるのは、この問題が、日中戦争における、というよりも近代史上における日本軍による最大の残虐行為であったからである。また、この事件が、捕虜・一般市民への組織的な虐殺、放火・略奪・性暴力といった残虐行為の集合体であり、諸外国においては当時から、日本国内においては東京裁判以降もっとも著名なものであり、日本軍の性格、日中戦争の侵略性を象徴的に表しているからである。

〈南京大虐殺〉は、きわめてシンボリックな事件であるので、日中戦争の侵略性を覆いかくそうとする人々は、くりかえしその存在を否定したり、その規模が小さなものだと主張してきた。〈南京大虐殺〉に関して、否定的な意見が勝利すれば、近代における日本軍の残虐行為の大部分を「幻」にできると考えているからであろう。

しかし、〈南京大虐殺〉には、歴史上、否定しがたい事件であるにもかかわらず、犠牲者の数を確定できないという問題（これは主として虐殺後、日本軍が遺体を組織的に揚子江に流してしまったことに起因している）や、〈南京大虐殺〉を写したとされる写真の中に不確実なものや偽物が混じっていることなどから、〈歴史の歪曲〉がおこりやすい素地がある。

〈南京大虐殺〉をめぐる〈歴史の歪曲〉の典型的なパターンには、
① 大虐殺などなかった、あるいは少数だったというもの
② 虐殺は、日本軍ではなく中国軍がおこなったとするもの
③ 当時、南京にいた日本人はそのような事件を目撃していないというもの
④〈南京大虐殺〉があった後に南京の人口は増えており、そもそも虐殺などなかったとするもの

などがある。

①②③に対しては、南京占領前後に現地で日本軍将兵が何を目撃したかということを示せば、この類いの否定論の大部分は無力化するであろう。たとえば、南京攻略戦を指揮した第十六師団長・中島今朝吾中将の日記には、南京占領当日の一九三七年一二月一三日に次のように記されている。（ルビ・〔 〕は山田の補足、以下同じ）

一、本日正午高山剣士来着す。時恰《あたか》も捕虜七名あり。直に試斬《ためしぎり》を為さしむ。
一、……到る処に捕虜を見、到底其始末に堪えざる程なり。
一、大体捕虜はせぬ方針なれば、片端より之を片付くることとなしたる〔れ〕共……

中々実行は敏速には出来ず。……

一、……佐々木部隊丈《だけ》にて処理せしもの約一万五千、大〔太〕平門に於ける守備の一中隊長が処理せしもの約一三〇〇、其仙鶴門付近に集結したるもの約七、八千人あり。尚続々投降し来る。

一、此七、八千人之を片付くるには相当大なる壕を要し中々見当らず。一案としては百、二百に分割したる後、適当のケ処に誘て処理する予定なり〈註18〉。

日本軍（中支那《なかしな》方面軍）は七個師団を基幹とする約二〇万人の兵力で南京地区を包囲したが、揚子江沿いではなく南京の東南方向から進攻した第十六師団（京都）では、師団長がいる司令部でも捕虜の「試斬」がおこなわれるほど殺気だっていたこと、そもそも最初から捕虜はとらない方針であったこと、部隊ごとに捕虜を「処理」（殺害して埋める）していること、第十六師団だけでも二万四〇〇〇人近くが「処理」されたか、されようとしていたことが記録されている。作戦と情報の前線での中枢にいた師団長がリアルタイムで残した記録として重要である。

また、揚子江沿いに進攻した第十三師団山田支隊では、占領前後の様子を多くの将兵が日記に記録している。歩兵第六十五聯隊第八中隊・少尉『遠藤高明陣中日記』には、一二月一六日のこととして次のようにある。（原文はカタカナ）

午後零時三十分捕虜収容所火災の為出動を命ぜられ同三時帰還す、同所に於て朝日記者横田氏に逢ひ一般情勢を聴く、捕虜総数一万七千二十五名、夕刻より軍命令により捕虜の三分の一を江岸に引出しＩ〔第一大隊〕に於て射殺す。

一日二合宛給養するに百俵を要し兵自身徴発により給養し居る今日到底不可能事にして軍より適当に処分すべしとの命令ありたりものゝ如し〈註19〉。

ここでは、第十三師団占領地区の捕虜一万七〇〇〇人余のうち三分の一を揚子江岸で射殺したこと、現場に朝日新聞の記者がいたこと（東京日々新聞の出張所があったことも別の個所に記されている）、捕虜に食料を与えられないため軍（上海派遣軍）から「処分すべし」との命令が出たらしいことなどがわかる。

この同じ捕虜殺害現場にいた兵士も記録を残している。山砲兵第一九聯隊第三大隊大段列（段列とは砲兵部隊の輸送部隊のこと）・上等兵『黒須忠信陣中日記』一二月一六日の

条にはこのようにある。（原文はカタカナ）

午后一時我が段列より二十名は残兵掃湯〔蕩〕の目的にて馬風〔幕府〕山方面に向ふ、二三日前捕慮〔虜に〕せし支那兵の一部五千名を揚子江の沿岸に連れ出し機関銃を以て射殺す、其の后銃剣にて思ふ存分に突刺す、自分も此の時ばが〔か〕りと憎き支那兵を三十人も突刺した事であろう。

山となつて居る死人の上をあがつて突刺す気持は鬼をもひゝ〔し〕がん勇気が出て力一ぱいに突刺したり、うーんうーんとうめく支那兵の声、年寄も居れば子供も居る、一人残らず殺す、刀を借りて首をも切つて見た、こんな事は今まで中にない珍らしい出来事であつた……帰りし時は午后八時となり腕は相当つかれて居た〈註20〉。

この記録は、前の遠藤少尉の記述にある捕虜射殺とまったく符合するものであり、なおかつ現場で射殺・刺殺にあたった当事者がリアルタイムで書いたものである。また、第十三師団の将兵の多くが、このあと射殺した捕虜の遺体を揚子江に流す作業に従事したことが多数の日記類に記録されている。〈南京大虐殺〉を「幻」と言う論者は、このような将兵の記録もすべて「幻」だと言うのであろうか。

　このように大虐殺の現場を目撃した日本軍将兵は多数存在したわけだが、事件直後に現場に到着した日本兵の中には、多くの遺体を見てもそれを虐殺の結果であると考えなかった人もいた。たとえば、第十六師団輜重兵第十六聯隊・輜重兵特務兵『小原孝太郎日記』一二月二四日の条にはこのようにある。

> 扨〔さて〕、岸壁の下をのぞいたら、そこの波打際の浅瀬に、それこそえらい物凄い光景をみた。何んと砂〔浜〕の真砂でないかとまがふ程の人間が、無数に横〔往〕生してゐるのだ。それこそ何百、何千だろう。南京の激戦はこゝで最後の幕をとぢたに違ひない。決定的のシーンだ。数へ切れない屍体が横〔往〕生してゐる。敵はこゝ、まで来て、水と陸よりはさみ打〔撃〕ちに逢〔遭〕って致命的な打ゲキをうけたわけなのだ。わが南京陥落はかくてなったわけわけ《ママ》である〈註21〉。

　現場にいても、すこし遅れて到着した兵士には、おびただしい遺体の山も戦闘行為の結果であるとされており、「虐殺」を目撃したという意識がない。「現場にいた人が見ていない」という議論は、前述の新聞記者のように現場を見ていながら語らなかったか、この兵士のように当初から虐殺ではないものとして記憶していることを利用したものである。

また、否定論の類型④として「南京の人口は二〇万人だったのに三〇万人も虐殺できるか」とか「南京大虐殺後、むしろ南京の人口はふえている」という主張があるが、これは「南京」の領域を意図的に過小に設定した一種のトリックだと言える。

一言で「南京」といっても南京市の中に南京城区が、南京城区の中に国際安全区がある。虐殺は、南京城区を中心におこなわれ、その結果、避難民が国際安全区に押し寄せ、そこの人口は二〇万人さらには二五万人にもなった。「幻」を主張する論者は、国際安全区の人口が増えたことをもって、虐殺がなかったことの証明としているが、これは逆で、南京城区での日本軍による残虐行為をさけて、国際安全区に住民が逃げ込み、そこの人口が増えたと考えた方が自然である。

4 「宮沢談話」——教科書検定基準に「近隣諸国条項」を盛り込む

「宮沢談話」とは

「河野談話」「村山談話」とならび、政界の歴史修正主義者が消し去りたいものに「宮沢談話」がある。これは、鈴木善幸内閣当時の一九八二年八月二六日に発表された『歴史教科書』に関する宮沢内閣官房長官談話」のことである。この談話は、文部省（当時）の教科書検定が、「侵略」を「進出」に書き換えさせたとされる事件に端を発した教科書問題の収拾のために出されたものである。そのもっとも重要な部分は以下の通りである。

日本政府及び日本国民は、過去において、我が国の行為が韓国・中国を含むアジアの国々の国民に多大の苦痛と損害を与えたことを深く自覚し、このようなことを二度

と繰り返してはならないとの反省と決意の上に立って平和国家としての道を歩んできた。〔中略〕

このため、今後の教科書検定に際しては、教科用図書検定調査審議会の議を経て検定基準を改め、前記の趣旨が十分実現するよう配慮する。

この談話をきっかけとして、教科書検定基準に「近隣のアジア諸国との間の近現代の歴史的事象の扱いに国際理解と国際協調の見地から必要な配慮がされていること」という「近隣諸国条項」が盛り込まれることになった。

自民党は、二〇一二年の総選挙の際の政権公約に「近隣諸国条項の廃棄」を掲げ、この公約を作った下村博文議員は安倍内閣に文部科学大臣として入閣した。

靖国問題との連動

「宮沢談話」と「近隣諸国条項」を消し去りたいという姿勢は、靖国問題とも結びついている。安倍首相は、二〇一三年四月二四日の参議院予算委員会において、韓国も中国も靖国を「ある日突然」抗議を始めたと強調し、次のように答弁している。

国のために尊い命を落とした尊いご英霊に対して、尊崇の念を表する、これは、あたりまえのことであり、わが閣僚においては、どんな脅かしにも屈しない、その自由は確保している。これは、当然のことだろう。

このように、アジア諸国の靖国問題への批判を「脅かし」ととらえ、この問題があくまでも「国内問題」であるとして、あるいは国のために命を落とした人への「慰霊の問題」であるとして内外の批判を拒絶することは、戦争によって犠牲になったのが日本人だけでなかったことを、また軍人・軍属（軍人ではないが軍の仕事をしている職員）だけでなかったことを全く忘却した論理である。

靖国神社とは、一言で言えば、近代日本の膨張政策と戦争を精神的に支えた機関である。また、神道という特定の宗教にもとづいて戦死者の霊を祀っているところである。戦争と直結していた靖国神社の問題は、まさに戦争にからむ問題であり、戦争に密接に関わる以上これは純粋な「国内問題」ではなく、あきらかに国際問題であるといえる。

死者の慰霊をすること自体は自然の感情だが、それならば、戦争で亡くなった日本の軍人・軍属だけでなく、民間人や植民地・占領地の住民（場合によっては交戦国の将兵・民間人）をも含めて慰霊すべきである。靖国神社が祀っているのは、基本的に日本の軍人だけであり、沖縄戦や本土空襲（原爆を含む）で亡くなった民間人は除外されている。もちろん、アジア諸地域の戦争犠牲者を慰霊するような場ではない。また、故人の遺志にはかかわりなく、日本人のキリスト教信者や植民地時代の朝鮮人・台湾人も「日本兵」として合祀されている。安倍氏らの論理は、力説すればするほど、近隣諸国民の感情を逆なでするものである。

安倍氏は、外交の場で日本は、中国や韓国に繰り返し（安倍氏によれば二一回）「謝罪」をしているとしているが〈註22〉、いくら言葉で「謝罪」しても、政治家の日常の言動が、それらの「謝罪」が本心からのものでないことを暴露してしまっているし、日本人は戦争や植民地支配のことを忘却し、後世に伝えようとしていないのだ、と諸外国の人々に疑念を抱かせる大本を作っている。そのことを安倍氏らが気づいているようには思えない。

改憲・「教育再生」と歴史修正主義

自民党や日本維新の会などの改憲派は、ほぼ共通して歴史修正主義的な歴史観をもっている。したがって、自民党の「憲法改正草案」（二〇一二年版）も色濃くその歴史観が反映されたものになっている。

たとえば、天皇条項に、天皇が象徴でありながら、同時に「元首」であることをもりこんだり、国旗（日章旗）・国歌（君が代）・元号を憲法の条文で規定しようとしたり、また、特に国旗・国歌の「尊重」を明文化しようとするなど、相当に復古調である。

また、権利・自由にいちいち「公益及び公の秩序に反しない限り」という限定をつけるところなどは、まさに大日本帝国憲法（欽定憲法）の「安寧秩序を妨げざる限り」と全く同じ発想である。いや、明治憲法を起草した伊藤博文は、公権力の濫用を抑えることが憲法の役割であることは認識していたのであるから、公権力の濫用防止、行き過ぎをおさえる歯止めの思想が欠如しているように見える自民党憲法改正草案は、思想としては明治憲法以下のレベルということになるかもしれない。少なくとも人権思想・立憲主義思想の世界的潮流に逆行するものであることは確かである。

政界に広がる歴史修正主義は、「河野談話」「村山談話」「宮沢談話」の修正・抹消を狙いつつ、侵略・植民地支配に目を向けない、そういった歴史的事実は「自尊心を傷つけるもの」としてなかったことにしようとする教育内容と教育現場を作ろうとするものである。こうした教育は、改憲後の国防軍のある国家を支える人材を育成するものとして構想されている。改憲・軍拡・「教育再生」が一体のものとして進められようとする時、歴史的事実を追放する歴史修正主義がそうした動きの土台をつくる役割を果たしつつあるように思われる。

【参考資料①】「河野談話」

慰安婦関係調査結果発表に関する河野内閣官房長官談話

平成5〔1993〕年8月4日

いわゆる従軍慰安婦問題については、政府は、一昨年12月より、調査を進めて来たが、今般その結果がまとまったので発表することとした。

今次調査の結果、長期に、かつ広範な地域にわたって慰安所が設置され、数多くの慰安婦が存在したことが認められた。慰安所は、当時の軍当局の要請により設営されたものであり、慰安所の設置、管理及び慰安婦の移送については、旧日本軍が直接あるいは間接にこれに関与した。慰安婦の募集については、軍の要請を受けた業者が主としてこれに当たったが、その場合も、甘言、強圧による等、本人たちの意思に反して集められた事例が数多くあり、更に、官憲等が直接これに加担したこともあったことが明らかになった。また、慰安所における生活は、強制的な状況の下での痛ましいものであった。

なお、戦地に移送された慰安婦の出身地については、日本を別とすれば、朝鮮半島が大きな比重を占めていたが、当時の朝鮮半島は我が国の統治下にあり、その募集、移送、管理等も、甘言、強圧による等、総じて本人たちの意思に反して行われた。

いずれにしても、本件は、当時の軍の関与の下に、多数の女性の名誉と尊厳を深く傷つけた問題である。政府は、この機会に、改めて、その出身地のいかんを問わず、いわゆる従軍慰安婦として数多の苦痛を経験され、心身にわたり癒しがたい傷を負われたすべての方々に対し心からお詫びと反省の気持ちを申し上げる。また、そのような気持ちを我が国としてどのように表すかということについては、有識者のご意見なども徴しつつ、今後とも真剣に検討すべきものと考える。

われわれはこのような歴史の真実を回避することなく、むしろこれを歴史の教訓として直視していきたい。われわれは、歴史研究、歴史教育を通じて、このような問題を永く記憶にとどめ、同じ過ちをけっして繰り返さないという固い決意を改めて表明する。

なお、本問題については、本邦において訴訟が提起されており、また、国際的にも関心が寄せられており、政府としても、今後とも、民間の研究を含め、十分に関心を払って参りたい。

【参考資料②】「村山談話」

村山内閣総理大臣談話「戦後50周年の終戦記念日にあたって」
平成7〔1995〕年8月15日

先の大戦が終わりを告げてから、50年の歳月が流れました。今、あらためて、あの戦争によって犠牲となられた内外の多くの人々に思いを馳せるとき、万感胸に迫るものがあります。

敗戦後、日本は、あの焼け野原から、幾多の困難を乗りこえて、今日の平和と繁栄を築いてまいりました。このことは私たちの誇りであり、そのために注がれた国民の皆様1人1人の英知とたゆみない努力に、私は心から敬意の念を表わすものであります。ここに至るまで、米国をはじめ、世界の国々から寄せられた支援と協力に対し、あらためて深甚な謝意を表明いたします。また、アジア太平洋近隣諸国、米国、さらには欧州諸国との間に今日のような友好関係を築き上げるに至ったことを、心から喜びたいと思います。

平和で豊かな日本となった今日、私たちはややもすればこの平和の尊さ、有難さを忘れがちになります。私たちは過去のあやまちを2度と繰り返すことのないよう、戦争の悲惨さを若い世代に語り伝えていかなければなりません。とくに近隣諸国の人々と手を携えて、アジア太平洋地域ひいては世界の平和を確かなものとしていくためには、なによりも、これらの諸国との間に深い理解と信頼にもとづいた関係を培っていくことが不可欠と考えます。政府は、この考えにもとづき、特に近現代における日本と近隣アジア諸国との関係にかかわる歴史研究を支援し、各国との交流の飛躍的な拡大をはかるために、この2つを柱とした平和友好交流事業を展開しております。また、現在取り組んでいる戦後処理問題についても、わが国とこれらの国々との信頼関係を一層強化するため、私は、ひき続き誠実に対応してまいります。

いま、戦後50周年の節目に当たり、われわれが銘記すべきことは、来し方を訪ねて歴史の教訓に学び、未来を望んで、人類社会の平和と繁栄への道を誤らないことであります。

わが国は、遠くない過去の一時期、国策を誤り、戦争への道を歩んで国民を存亡の危機に陥れ、植民地支配と侵略によって、多くの国々、とりわけアジア諸国の人々に対して多大の損害と苦痛を与えました。私は、未来に誤ち無からしめんとするが故に、疑うべくもないこの歴史の事実を謙虚に受け止め、ここにあらためて痛切な反省の意を表し、心からのお詫びの気持ちを表明いたします。また、この歴史がもたらした内外すべての犠牲者に深い哀悼の念を捧げます。

敗戦の日から50周年を迎えた今日、わが国は、深い反省に立ち、独善的なナショナリズムを排し、責任ある国際社会の一員として国際協調を促進し、それを通じて、平和の理念と民主主義とを押し広めていかなければなりません。同時に、わが国は、唯一の被爆国としての体験を踏まえて、核兵器の究極の廃絶を目指し、核不拡散体制の強化など、国際的な軍縮を積極的に推進していくことが肝要であります。これこそ、過去に対するつぐないとなり、犠牲となられた方々の御霊を鎮めるゆえんとなると、私は信じております。

「杖るは信に如くは莫し」〈註23〉と申します。この記念すべき時に当たり、信義を施政の根幹とすることを内外に表明し、私の誓いの言葉といたします。

【参考資料③】「宮沢談話」

「歴史教科書」に関する宮沢内閣官房長官談話

昭和57〔1982〕年8月26日

一、日本政府及び日本国民は、過去において、我が国の行為が韓国・中国を含むアジアの国々の国民に多大の苦痛と損害を与えたことを深く自覚し、このようなことを二度と繰り返してはならないとの反省と決意の上に立って平和国家としての道を歩んできた。我が国は、韓国については、昭和四十年の日韓共同コミニ《(ママ)》ュニケの中において「過去の関係は遺憾であって深く反省している」との認識を、中国については日中共同声明において「過去において日本国が戦争を通じて中国国民に重大な損害を与えたことの責任を痛感し、深く反省する」との認識を述べたが、これも前述の我が国の反省と決意を確認したものであり、現在においてもこの認識にはいささかの変化もない。

二、このような日韓共同コミュニケ、日中共同声明の精神は我が国の学校教育、教科書の検定にあたっても、当然、尊重されるべきものであるが、今日、韓国、中国等より、こうした点に関する我が国教科書の記述について批判が寄せられている。我が国としては、アジアの近隣諸国との友好、親善を進める上でこれらの批判に十分に耳を傾け、政府の責任において是正する。

三、このため、今後の教科書検定に際しては、教科用図書検定調査審議会の議を経て検定基準を改め、前記の趣旨が十分実現するよう配慮する。すでに検定の行われたものについては、今後すみやかに同様の趣旨が実現されるよう措置するが、それ迄の間の措置として文部大臣が所見を明らかにして、前記二の趣旨を教育の場において十分反映せしめるものとする。

四、我が国としては、今後とも、近隣国民との相互理解の促進と友好協力の発展に努め、アジアひいては世界の平和と安定に寄与していく考えである。

【註】

1　安倍晋三『新しい国へ——美しい国へ　完全版』（文春新書、二〇一三年）二〇四頁。本書は、二〇〇六年に刊行された安倍氏の『美しい国へ』（文春新書）に、『文藝春秋』二〇一三年一月号に掲載された「新しい国へ」を増補したものである。本稿における引用は、新著にもとづいている。

2　同前。

3　同前、二〇九頁。

4　『自由民主』第二五三二号。自由民主党ホームページに掲載（二〇一三年七月一二日閲覧）。

5　「河野談話」「村山談話」「宮沢談話」の全文は、外務省ホームページ等で閲覧することができる。
「河野談話」【URL】http://www.mofa.go.jp/mofaj/area/taisen/kono.html
「村山談話」【URL】http://www.mofa.go.jp/mofaj/press/danwa/07/dmu_0815.html
「宮沢談話」【URL】http://www.mofa.go.jp/mofaj/area/taisen/miyazawa.html

6　【URL】http://sankei.jp.msn.com/politics/news/121231/plc12123102070001-n4.htm（二〇一三年七月一〇日閲覧）。

7　【URL】http://www.kiyomi.gr.jp/activity/kokkai/inquiry/a/20070316-1214.html（二〇一三年七月一二日閲覧）。

8　内閣府ホームページ会見議事録【URL】http://bit.ly/132auyW（二〇一三年七月一〇日閲覧）。

9　『MSN産経新聞』二〇一二年八月三一日【URL】http://on-msn.com/17sAngy（二〇一三年七月一〇日閲覧）。

10　米田富次郎『警察三大法令正解』（明倫館、一九〇〇年）一四二頁。国立国会図書館近代デジタルライブラリー「娼妓取締規則」【URL】http://kindai.ndl.go.jp/info:ndljp/pid/790912/75

11　山川一生『憲兵伍長ものがたり』（光人社NF文庫、二〇一二年）八七頁・一〇四頁所収の中川公平憲兵兵長（中国湖北省・漢口憲兵分隊所属）からの聞き取り記録。

12　【単行本】班忠義『ガイサンシーとその姉妹たち』（梨の木舎、二〇〇六年）、【DVD】班忠義監督『ガイサンシーとその姉妹たち』（二〇〇七年）。このドキュメンタリー映画については、山田朗「『ガイサンシー（蓋山西）とその姉妹たち』――〝現地調達〟された『慰安婦』たちの絶望」『シネ・フロント』第三五二号（二〇〇七年二月号）を参照されたい。

13　【URL】http://sankei.jp.msn.com/politics/news/121231/plc12123102070001-n3.htm（二〇一三年七月一〇日閲覧）。

14　国会会議録参議院予算委員会平成25年4月23日【URL】http://kokkai.ndl.go.jp（二〇一三年七月一〇日閲覧）。

15　同前。

16　【URL】http://www.yomiuri.co.jp/politics/news/20130704-OYT1T00227.htm（二〇一三年七月一〇日閲覧）。

17　前掲『新しい国へ――美しい国へ　完全版』三〇頁。

18　「南京攻略戦『中島師団長日記』」『歴史と人物　増刊　秘史・太平洋戦争』一九八四年、二六一頁。

19　小野賢二ほか編『南京大虐殺を記録した皇軍兵士たち――第十三師団山田支隊兵士の陣中日記』（大月書店、一九九六年）二一九〜二二〇頁。

20　同前、三五〇〜三五一頁。
21　江口圭一・芝原拓自編『日中戦争従軍日記——一輜重兵の戦場体験』（法律文化社、一九八九年）一四三頁。
22　前掲『新しい国へ——美しい国へ　完全版』一五四頁。
23　「杖るは信に如くは莫し」（よるはしんにしくはなし）。「頼りにするものは、信義に勝るものはない」の意。

II

靖国問題をめぐって

――戦没者の「慰霊」と特攻

1　靖国神社とは何か

靖国神社とは、東京都千代田区九段北にあり、戦前の軍人戦没者の霊を合祀している神社のことである。合祀とは、一カ所（一つの神社）に複数の祭神（神霊）をあわせて祀ることを言う。普通、神社には祭神の霊が宿るとされている「御神体」という崇拝物が安置されている。靖国神社の場合は「御神体」は鏡と剣で、祀られている祭神は、合祀されている戦没者の霊そのものである。

靖国神社は、現在では、東京都知事が認証した単独の宗教法人である。「〇〇教」「××宗」といった他の宗教団体と同じ性格の、一つの宗教団体にすぎない。宗教団体が宗教法人となるためには、宗教法人法にもとづき、活動地域が一県内の場合は都道府県知事の、複数の県にまたがる場合には文部科学大臣の認証を得た上で、設立登記をしなければならない。

しかし、戦前の靖国神社は、陸軍省・海軍省が共同で所管し、天皇自らが戦没者の霊を祀るためにしばしば参拝するきわめて特殊な、国家の戦争政策と切り離すことができない神社だった。靖国神社の責任者である宮司には退役陸軍大将があたり、神社の運営費は陸軍省予算から支出され、社域の警備には憲兵があたっていた。

戦前においては、神道は国教（国家神道）として位置づけられており、神社にも国家が定めた「社格」（ランク）があった。歴史的に皇室が崇拝の対象としていたり、天皇・皇族・功臣を祀る神社は「官幣社」「国幣社」といって、国家から運営費が提供され、それ以外の地方の府県・市町村が管理する「諸社」とは区別されていた。さらに、官幣社にも官幣大社・中社・小社、国幣社にも国弊大社・中社・小社のランクがあった。靖国神社は「別格官幣社」というランクに位置づけられていた。一般の「臣民」を祭神としているために、官幣社のなかでは官幣小社と同格とされており、必ずしも神社のランクとしては最高位にあったわけではなかった。

なお、戦前には靖国神社の事実上の地方分社として、各地の招魂社（一九三九年に護国神社と改称）があったが、現在では護国神社は神社本庁傘下の宗教法人で、靖国神社の地方分社ではない。

靖国神社の前身は、一八六九（明治二）年、東京九段坂上に建てられた東京招魂社という神社であった。この神社は、戊辰戦争の官軍（薩長側＝天皇制政府の軍隊）の戦没者慰霊のために、明治天皇の指示によって建てられたもので、一八七九年に靖国神社と改称された。後に、靖国神社には、ペリーが来航した幕末の一八五三（嘉永六）年以降の「国事殉難者」（幕府側によって殺害された人）と西南戦争における政府軍戦没者、日清戦争以降の対外戦争での戦没者が祀られることになった。ただし、祀られた戦没者は、日本人であっても、あくまでも天皇制政府側に限られ、旧徳川幕府側や西南戦争における薩摩側の戦没者は除外されている。靖国神社は、あくまでも天皇に忠義を尽くした戦没者を祀る場であり、日本軍兵士であっても軍法会議の判決によって処刑された人は祀られていない。

また、靖国神社における「戦没者」とは、戦死者・戦傷死者（戦闘での負傷がもとで死亡した人）および戦病死者（戦場で病気になり死亡した人。餓死も含む）の総称であるが、あくまでも軍人・軍属（軍人ではないが軍の仕事をしている職員）のみに適用される言葉であり、たとえ戦争で死亡しても原則として民間人は含まれない。ただし、民間人であっても軍需工場など戦争に直接かかわる仕事をしていて空襲などで死亡した人（勤労動員の学生を含む）は軍属に準ずる扱いをうけ祀られている。戦前の日本軍には女性兵士はいなかったが、軍属（たとえば従軍看護婦）は戦没した場合には合祀されている。が、「慰安婦」は戦没しても軍属扱いではなかったので含まれていない。なお、シベリア抑留など捕虜収容所などで戦後に死亡した人も祀られている。

また、戦没者は本人や遺族の意思・希望や信じていた宗教にかかわりなく、つまり、仏教徒もキリスト教徒も、無神論者であっても一律に「護国の英霊」と称されて靖国神社に合祀された。さらに、朝鮮や台湾出身の軍人・軍属の戦没者も、「日本軍人」として合祀されている。前述のように、刑死者は祀られないが、戦後のＢＣ級戦犯裁判の刑死者は国内法における犯罪者ではないとの解釈から合祀され、Ａ級戦犯の獄死者・刑死者一四名も文官の広田弘毅を含めて一九七八年に合祀されている。

靖国神社の祭神（合祀された戦没者）は、二四六万六〇〇〇余柱にのぼる（祭神は「一柱・二柱……」と数える）。戦争別の祭神の数は、靖国神社によれば、以下の通りである。

明治維新	七七五一柱
西南戦争	六九七一柱
日清戦争	一万三六一九柱

台湾征討	一一三〇柱
北清事変	一二五六柱
日露戦争	八万八四二九柱
第一次世界大戦	四八五〇柱
済南事変	一八五柱
満州事変	一万七一七六柱
支那事変	一九万一二五〇柱
大東亜戦争	二一三万三九一五柱
合　計	二四六万六五三二柱

（二〇〇四年一〇月一七日現在。戦争名称は靖国神社のもの）〈註1〉

合祀されている戦没者は、前述したように戦没が公認された軍人・軍属・軍属扱いの人であり、沖縄戦・本土空襲・原爆・ソ連軍の侵攻などで死亡した民間人は原則として含まれていない。民間人が軍属扱いとして合祀されるか否かは靖国神社の判断でなされているが、軍の仕事（軍需工場を含む）に直接的に関わっていた時に死亡したかどうかにかかっている。合祀された祭神の官位・姓名を記した霊爾簿は、神体の鏡・剣とともに本殿の内陣に奉斎され、二名の戦没皇族北白川宮《きたしらかわのみや》能久王《よしひさおう》・北白川宮永久王《ながひさおう》を一座、他のすべてを一座としている。

アジア太平洋戦争敗戦まで、靖国神社では、春秋二季の例大祭、別に新祭神（戦没者）の合祀祭として臨時大祭がおこなわれた。例大祭には勅使が派遣され、臨時大祭には天皇が自ら参拝した。当時は、靖国神社に「英霊」として祭られることは、天皇と国家への忠誠の模範であり、最高の栄誉とされていたのである。戦争の性格を無視して軍人の戦没者を無条件で神聖化する靖国神社は、戦前の軍国主義と戦争政策を支えた重要な装置の一つだったのである〈註2〉。

また、靖国神社と地方の護国神社という二重の戦没者慰霊機関が設けられたのは、東京招魂社と地方招魂社という設立経緯もさることながら、日本軍が〈天皇の軍隊〉であり、なおかつ当初より郷土部隊（同一地域の出身の将兵から成る部隊）として編成されているという軍の成り立ち方にも関係があった。日本軍の将兵は、最高司令官としての天皇に無条件の忠節を誓い、戦死すれば「護国の英霊」として天皇によって靖国神社に祀られる一方で、郷土の護国神社にも祀られて郷土部隊と郷土の名を高めるものとされたのである。つまり、靖国神社が〈天皇の軍隊〉としての統一性・一体性を強調し、天皇との関係性を第一義とする国家神道の中核的慰霊機関であったのに対して、護国神社は国家神道の重要な伝道機関として靖国神社との連続性を有しつつも、多くの場合、郷土部隊として編成されていた日本軍の地域単位の結束力を再生産する機関でもあったといえる。

なお、靖国神社には遊就館という博物館が併設されている。遊就館は、一八八二年に開館した施設で、靖国神社に祀られている祭神の遺品や戦争に関連した遺物（兵器・武具類）・資料を保存・展示しているが、戦争の諸外国・諸民族に対する侵略性や日本の民間人の犠牲については十分な配慮がされているとは言い難い。

2　歴史修正主義と〈靖国の思想〉

戦争肯定の価値観の育成

新しい歴史教科書をつくる会（以下、「つくる会」）の系統に属する中学校教科書は、現在、育鵬社版と自由社版とがあるが、戦争の叙述を貫く基本的な歴史認識・主張は全く変わらない。植民地支配や戦争を歴史的教訓として反省し、そこから何ものかを学びとろうとするのではなく、戦争は国家の当然の選択肢であり、日本国憲法第九条に代表される戦争否定の価値観をなんとか変質させて、戦争肯定の価値観を育成しようとするものに他ならない。

国家が戦争をおこなうためには、「戦争遂行のための三要素」であるハード（兵器体系・装備）・システム（法体系・制度）・ソフト（価値観・戦略）が揃う必要がある〈註3〉。この三要素の一般的な規定性は、ソフト↓システム↓ハード（あるいはソフト↓ハード）という方向にある。つまり、ソフトである戦争容認の価値観を土台にして軍事戦略が形成され、その戦略にもとづいて戦争をおこなうためのシステムである法体系・制度が構築され、そうしたソフト（戦略）やシステム（制度）に規定されてハードである兵器体系・装備が調達・建設されるのである。

現在、アメリカの戦略のもとでの日米軍事一体化を前提にして日本で進行している戦争を可能にする体制づくりは、あきらかに、ハード（兵器体系・設備）が先行し、それにシステム（法律・制度・組織）が追随し、それに対応したソフト（人材・価値観・戦略）づくりが進められる、という転倒した流れになっている。ハード面がもっとも先行し、システム・ソフトがそれにあわせて整備されつつある。システム・ソフトの双方にかかわるのが改憲（憲法九条の削除あるいは改変）の動きであるが、「つくる会」教科書も、戦争が国家のあたりまえの選択肢であり、戦争に訴えることを是とする価値観をもつ若者をつくるという、まさにソフトづくりの一端をになうものであり、自民党政権における「教育再生」もそれをめざすものである。

先行しているハードの構築、システムの整備は、残念ながら主として軍事専門家・与党系政治家・財界にイニシアティブを握られてしまっている分野であるが、彼らは次のステップとして国民（特に若い世代）に戦争容認の価値観を浸透させ、日本の軍事戦略を国民的なコンセンサスを土台にして構築していこうとしている。まさに、このソフトをどのような方向にもっていくかは、教育とマスコミ（言論・報道）が攻防の焦点となることは明らかである。憲法九条を守ろうとする平和勢力の抵抗・反撃の拠点こそ、まさにこの分野にあるといえる。

歴史修正主義を支える〈靖国の思想〉

「つくる会」系の歴史修正主義にもとづく教科書の基本的な理念とでもいうべきものを抽出すれば、過去にさかのぼっての①戦争肯定、②他国・他民族排斥、③国家（天皇）中心の思想、④戦争の性格を棚上げにした、無条件での犠牲の神聖視、ということである。これら①から④までの思想とは、まさに〈靖国の思想〉と重なり合うものである。

例えば、①戦争肯定思想と④戦争の性格棚上げに関して言えば、靖国神社は、「戦没者の慰霊」施設であると見られ、自らもそのように主張しているが、その「慰霊」とは、けっして戦争を起こしてはならないという戦争への反省という立場からのものではない。

それは、靖国神社の宝物と「祭神」（戦没者）の遺品を展示した遊就館の展示と解説を見れば明らかで、そこにはひたすら戦没者の尊さが強調されているだけで、戦争への反省は微塵もない。

そもそも、アジア太平洋戦争敗戦まで、靖国神社は国家の戦争遂行には不可欠の装置であった。戦前において靖国神社では、春秋二季の例大祭、別に新祭神（戦没者）の合祀祭として臨時大祭がおこなわれていた。例大祭には勅使が派遣され、臨時大祭には天皇が出席し、戦没者を「祭神」として祀ったのである。当時の日本人は、靖国神社に「英霊」として祀られることが、天皇と国家への忠誠の模範であり、最高の栄誉と教え込まれていた。日本軍の将兵は、最高司令官としての天皇に無条件の忠節を誓い、戦死すれば「護国の英霊」として天皇によって靖国神社に祀られた。靖国神社は〈天皇の軍隊〉としての一体性を構築するための日本軍にとっての不可欠な機関であり、次の「英霊」を作るための国民に対する精神教育の場でもあったのである。

このように、戦前における「英霊」を再生産するという、戦争推進政策の重要な役割を担っていた靖国神社が、その点についての反省もないままに「慰霊」し続けているとすれば、それはまさに現代における戦争肯定思想の策源地といえるであろう。

また、②他国・他民族排斥、③国家（天皇）中心という点では、靖国神社は「戦没者の慰霊機関」であるといいながら、そこに祀られているのは、幕末・維新期以来の天皇側の戦没者、しかも軍人・軍属・軍属扱いの人々だけである。アジア太平洋戦争における日本人犠牲者の数は、三一〇万人以上といわれているが（表1参照）、そのうち靖国神社に合祀されているのは二一三万三九一五人（二〇〇四年一〇月一七日現在）であって、実におよそ一〇〇万人が「慰霊」の対象から除かれている。靖国神社に祀られる基準は、〈天皇の軍隊〉とその軍隊がおこなった戦争に、どれだけ軍側から貢献したか、ということであり、日本人であっても純然たる民間人の犠牲者はその「慰霊」から除外されているだけでなく、戦争で最大の犠牲を強いられたアジア諸国の犠牲者については、まったく考慮されていないのである。つまり、「戦没者の慰霊」といっても、そこには国籍の違い、軍と民間という大きな垣根を設けた差別選別の上での「慰霊」なのである。

また、朝鮮・台湾の旧植民地出身の「戦没者」も本人・遺族の意思とは無関係に合祀されているし、本人・遺族の宗教的な信条とも全く無関係に祀られている。つまり、靖国神社は、一方では、いかに天皇につくしたかという観点から国籍と軍との関わり方という垣根を設け、他方では、本人・遺族の意思とはまったく無関係に合祀されるという大きな矛

表 1-1 アジア諸地域の戦争被害（死者・経済的・物的損害額、日本が獲得した資源）

地　域	死亡者（人）	損害額（$）	日本が獲得した鉱産資源／食糧など
日　本	3,100,000 以上		
朝　鮮	約 200,000	不詳	鉄鉱石／米／大麻
中　国	10,000,000 以上	5,000 億	**（中国本土）** 鉄鉱石、石炭、ボーキサイト、タングステン／小麦／綿花、大麻 **（「満州国」）** 鉄鉱石、石炭、ボーキサイト／小麦、大豆、とうもろこし、羊毛／大麻
台　湾	30,000 余	不詳	米、砂糖
フィリピン	約 1,110,000	58 億 5,000 万	鉄鉱石、クローム、銅、マンガン／砂糖／マニラ麻、コプラ
ベトナム	約 2,000,000	不詳	石炭、タングステン／米、とうもろこし／ジュート
タ　イ	不詳	不詳	錫／米
ビルマ	約 150,000	不詳	タングステン、ニッケル、石油、鉛、亜鉛／米、落花生、とうもろこし／ジュート
マレーシア・シンガポール	100,000 以上	不詳	錫、鉄鉱石、ボーキサイト、タングステン／ゴム
インドネシア	約 4,000,000	数十億	石油、ボーキサイト、ニッケル、石炭、錫／砂糖、とうもろこし／ゴム、キニーネ、コプラ
インド	約 1,500,000	不詳	
オーストラリア	17,744	不詳	
連合軍捕虜	約 6 万数千（オーストラリアの死者のうち約 8,000 と重複）		
合　計	日本をのぞく死者：1,900 万人以上		

出典：人的・物的被害は、原則として政府の公式発表の数字（「アジア太平洋戦争の被害」『世界』1994 年 2 月号所収）。日本が獲得した資源は、岡部牧夫「『大東亜共栄圏』その資源・日本軍の加害と被害」（『週刊朝日百科・日本の歴史』第 119 号、1988 年 7 月 31 日）による。

表 1-2 第2次世界大戦における死者数（推計・万人）

国別	軍人	市民	合計
枢軸国側			
日本	230 万	80 万	310 万
ドイツ	422 万	267 万	689 万
(オーストリア)	(25 万)	(93 万) (ユダヤ人 65 万含む)	(118 万)
ドイツ・オーストリア合計			807 万
イタリア	30 万	13 万	43 万
ルーマニア			66.5 万
ハンガリー			40 万
フィンランド			8.4 万
ブルガリア			2 万
枢軸国側合計 Ⓐ			1277 万人
連合国側			
ソ連	1200 万	1500 万	2700 万
(中国：1980 年代公表)	(250 万)	(656 万)	(906 万)
(中国：1990 年代公表)	(350 万)	(971 万)	(1321 万)
中国：2000 年代公表	380 万以上	1800 万以上	2180 万以上
ポーランド	12 万	480 万 (ユダヤ人 270 万含む)	500 万
ユーゴスラビア	50 万	120.6 万	170.6 万
フランス	20 万	40 万	60 万
イギリス	14.5 万	23.8 万	38.3 万
チェコスロバキア			32 万
アメリカ合衆国	29 万		29 万
ギリシア			25 万
オランダ			24 万
連合国側合計 Ⓑ			5759 万人
アジア諸国（日本占領地）			
フィリピン			111 万
インドネシア			400 万
ベトナム			200 万
シンガポール			5 万
アジア諸国（中国以外）Ⓒ			716 万人
アジア諸国（中国含む）			2896 万人
総合計（Ⓐ+Ⓑ+Ⓒ）			**7752 万人**

出典：阪東宏『戦争のうしろ姿』（彩流社、2006 年）48-50 頁より集計。一部、表 1-1 の出典により補正した。

盾をかかえこんだ「慰霊機関」なのである。

①から④の特徴をもつ〈靖国の思想〉は、靖国神社への首相をはじめとする公人が〈公式参拝〉をおこなうための思想であり、戦没者を〈神〉にしてしまうことで、戦争による死を無条件に尊いものとし、戦争に対する批判を封じ込める役割を果たしている。戦争とそれに対する国民の貢献という観点から歴史・政治を描く「つくる会」の歴史修正主義教科書は、思想的にはまさにこのような〈靖国の思想〉に支えられているものであり、その拡大再生産をねらうものであるといえる。

3 〈靖国の思想〉と特攻

犠牲の神聖視の中核としての特攻

現代の歴史修正主義を支える〈靖国の思想〉の特徴として、過去にさかのぼっての①戦争肯定、②他国・他民族排斥、③国家（天皇）中心の思想、④戦争の性格を棚上げにした、無条件での犠牲の神聖視をあげたが、このうち④に全面的に利用されているのが特攻である。ここでは、特攻についてあらためて検討しておきたい。

特攻について取り上げるのは、過去の戦争に対する無反省の潮流に利用されているということだけでなく、現代日本人にとって、アジア太平洋戦争をふりかえる際に、原爆と特攻は、真っ先にイメージされる事象であり、原爆と特攻という体験は今日に至るまで繰り返し語り続けられているからである。その証拠に、近年の映画やテレビドラマなどで扱われる〈戦争〉といえば、原爆と特攻に関するものが圧倒的に多い（とりわけ映画は特攻が多い）。これは、戦争体験者だけでなく、その〈戦争の記憶〉を継承した戦争非体験世代の歴史認識・戦争認識にも、原爆と特攻が戦争の悲劇性を象徴するものとして、イメージが増幅されつつ再生産されていることを意味している。

原爆と並び戦争の悲劇性の代表的事象であり、同時に、戦争無反省の潮流にも利用されている特攻について、その概要・実態をおさえた上で、特攻と戦争肯定論を分断するためには何が必要なのかを考えることにしたい。

特攻とは、「特別攻撃」、特攻隊とは「特別攻撃隊」の略称であるが、ここでは、生還の可能性のない組織的な体当たり攻撃のことを指すものとして使用する。この場合の「組織的」とは、作戦命令による体当たりのことであり、将兵のとっさの判断による体当たりのことではない。なお、近代の日本軍においては、組織的な航空特攻が始まる前から「特別攻撃」とか「特別攻撃隊」という呼称は、すでに「決死隊」としての意味合いで使われており、必ずしも、体当たりを指すものではなかった。

しかし、一九四四（昭和一九）年一〇月以降、「特別攻撃」「特別攻撃隊」といえば、即ち、生還の可能性のない組織的体当たり攻撃を指すようになる。また、組織的な体当たり攻撃といっても、海軍の人間魚雷〈回天〉や特攻艇〈震洋〉、陸軍の〈四式連絡艇〉など、水上・水中からの体当たり攻撃もあり、これらも特攻である。さらに、一九四五年四月に実施された、戦艦「大和」の沖縄への突入作戦も「水上特攻隊」と命名されておこなわれているので特攻である。しかし、ここでは、特に断らない限り、特攻とは、もっとも代表的かつ大規模な特攻であり、作戦として実施された、陸海軍の航空機による組織的体当たり攻撃（航空特攻）を指すものとする。

特攻作戦の概要

日本軍による航空特攻作戦は、一九四四年一〇月二一日から一九四五年八月一五日までの一一か月間（二九九日間）にわたって実施され、その間に、すくなくとも海軍一九一六機・陸軍一〇〇五機・合計二九二一機が出撃して、帰らなかった。この数字には、引き返した特攻機、未帰還となった直掩機（特攻機の護衛にあたる戦闘機）は含んでいない（以下同じ）。航空特攻作戦による戦死者は、判明している者だけで、海軍二五二五名・陸軍一三八八名・合計三九一三名におよんでいる〈註4〉。

表2は、出撃して帰らなかった特攻機の数を陸軍・海軍ごとに月別に集計したものである

表 2-1 特攻機の出撃（未帰還）機数①
（1944 年 10 月～ 1945 年 8 月／月別）

年	月	出撃特攻機数		
		海軍	陸軍	合計
1944 年	10 月	58	0	58
	11 月	82	31	113
	12 月	58	69	127
1945 年	1 月	100	77	177
	2 月	20	0	20
	3 月	138	16	154
	4 月	949	403	1352
	5 月	391	302	693
	6 月	57	101	158
	7 月	11	6	17
	8 月	52	0	52
合計		1916	1005	2921

出典：海軍については、安延多計夫『南溟の果てに』（自由アジア社、1960 年）、猪口力平・中島正『神風特別攻撃隊の記録』（雪華社、1963 年）、奥宮正武『海軍特別攻撃隊』（朝日ソノラマ、1982 年）。陸軍については、戦史叢書・防衛庁防衛研修所戦史室『比島捷号陸軍航空作戦』（朝雲新聞社、1971 年）、生田惇『陸軍航空特別攻撃隊史』（ビジネス社、1978 年）、高木俊朗『陸軍特別攻撃隊』（文藝春秋、1974 年）から集計した。

〈註5〉。ここからもわかるように、一一か月間におよぶ特攻には、フィリピン戦と沖縄戦という二つのピークがある。

一九四四年一〇月二一日に海軍航空隊（第一航空艦隊・大西瀧治郎中将）が始めた組織的な航空特攻作戦は、一一月七日には陸軍航空隊（第四航空軍・富永恭次中将）も参入し、一九四五年一月まで、まずフィリピン戦域でおこなわれた。これが、特攻の始まりであり、第一のピークである。一九四四年一〇月から一九四五年一月までの四か月間に、海軍二九八機・陸軍一七七機（合計四七五機）が特攻に投入された。これらの特攻機は、すべてフィリピンの基地（ルソン島・セブ島など）から出撃している。

戦況の悪化にともないフィリピン戦域における特攻は一九四五年一月中旬に一段落し、

三月上旬まで休止状態となった。三月中旬になると、ウルシー環礁に対する海軍の銀河（陸上爆撃機）による長距離特攻を皮切りに、沖縄海域に接近を図るアメリカ海軍機動部隊への特攻が始まり、以後、六月まで、特攻は大規模におこなわれた。これが、特攻の第二の、そして最大のピークである。

一九四五年三月から六月までの四か月間に、海軍一五三五機・陸軍八二二機・合計二三五七機が特攻に投入されている。これらの特攻機は、主に台湾・沖縄・九州の各基地

表 2-2 特攻機の出撃（未帰還）機数②
（1945 年 3 月～ 5 月／日別）

月	日	出撃特攻機数		
		海軍	陸軍	合計
3 月	11 日	24	0	24
	18 日	43	0	43
	19 日	32	0	32
	20 日	17	0	17
	27 日	22	11	33
	31 日	0	5	5
4 月	1 日	19	21	40
	2 日	42	11	53
	3 日	61	21	82
	6 日	211	62	273
	7 日	53	22	75
	8 日	0	10	10
	9 日	0	5	5
	10 日	0	1	1
	11 日	76	7	83
	12 日	77	53	130
	13 日	28	18	46
	14 日	50	2	52
	15 日	10	2	12
	16 日	171	53	224
	17 日	44	2	46
	22 日	13	42	55
	27 日	0	5	5
	28 日	59	49	108
	29 日	35	16	51
	30 日	0	1	1
5 月	3 日	10	15	25
	4 日	100	44	144
	6 日	0	11	11
	9 日	14	9	23
	11 日	69	36	105
	12 日	1	3	4
	13 日	8	6	14
	14 日	28	3	31
	17 日	1	6	7
	18 日	0	11	11
	20 日	0	14	14
	24 日	22	6	28
	25 日	85	65	150
	26 日	0	8	8
	27 日	20	14	34
	28 日	26	45	71
	29 日	7	6	13

出典：表 2－1 と同じ。

から出撃している。とりわけ、四月は、特攻の最高潮で、この月の特攻機は、海軍九四九機・陸軍四〇三機・合計一三五二機におよんでいる。つまり、四月だけで、航空特攻全体の四六・四％（海軍は四九・五％、陸軍は四〇・五％）が出撃しているのである。そして、四月の中でも、もっとも大規模に航空特攻がおこなわれたのが四月六日である。この日は、海軍二一一機・陸軍六二機・合計二七三機というおびただしい数の特攻機が南九州の各基地（海軍は鹿屋《かのや》、陸軍は知覧《ちらん》など）から沖縄海域にむけて出撃し、帰らなかった。

一九四五年三月から六月にかけて大規模に実施された航空特攻作戦であるが、沖縄戦の敗北にともない七月以降は散発的におこなわれるにとどまり、八月一五日の終戦をむかえることになるが、少数ながら、八月一五日午前中の出撃もあった。

特攻が始まった背景──兵器開発と「玉砕」戦

人間が操縦する航空機などで、操縦者が確実に死亡することを前提として組織的な体当たり攻撃をおこなう、というのは明らかに尋常な作戦ではない。近現代の戦争において、命令によって将兵が確実に死ぬという戦法を組織的・大規模に実施した国はない。もちろん、将兵のとっさの判断による体当たりや指揮官が無謀な命令を出して、将兵を死地に追いやった事例はある。特に後者は枚挙にいとまがない。また、将兵をたいへんな危険にさらす兵器や戦法が少なくなかったことも確かである。しかしながら、操縦者が死ぬ以外に戦果があげられないという兵器・戦法は、特攻以外にはないであろう（ただし、日本軍の特攻でも、米軍のB29爆撃機に対する体当たり攻撃で、体当たり後に運良くパラシュートが開き、パイロットが生還した例はあるが、日本軍の特攻の中ではこれは例外と見てよいだろう）。

近年の「自爆テロ」「自爆攻撃」を「カミカゼ」と同一視する論調もあるが、「自爆攻撃（テロ）」は一種のゲリラ戦法であるのに対し、特攻は明らかに正規軍による組織的な作戦行動であって、搭乗機の故障・不具合以外、個人の判断による攻撃の中止は不可能なものである。

このように、きわめて特異な特攻はどうして始まったのか。それはまず、戦局の極端な悪化により、打つ手がなくなった日本軍のいわば絶望の産物であったということがいえる。日本海軍は、一九四四年六月一九日～二〇日のマリアナ沖海戦で、再建したばかりの航空部隊（空母・基地）の大部分を失い、通常の爆撃・雷撃による攻撃方法で十分に任務が達成できる熟練搭乗員がほとんどいなくなった。また、アメリカ側はレーダーとVT信管（目標に命中しなくても最接近点で砲弾を炸裂させる仕組みの信管）の使用により、日本側の航空攻撃をきわめて効果的に撃退できるようになっていた。さらに、日米間の航空戦力の量的格差も開くばかりで、日本側は出撃しても損害ばかり多く、米機動部隊に打撃を与えられる可能性がきわめて低くなっていた。

例えば、一九四四年六月末の時点で、日米の第一線空母と艦上機定数だけを比較しても、日本海軍が六隻・二三一機であるのに対して、米海軍は二一隻・一三三九機（日本艦上機の五・八倍）に達していた〈註6〉。すでに、戦争は、日本軍の作戦遂行能力を超えた絶望的な段階に入っていた。日本軍航空戦力は、質的にも量的にも、アメリカ軍のそれに対抗できなくなっていたのである。

しかし、それでも戦争は継続されていた。戦争遂行が可能かどうか判断するのは、最終的には政治家（政府）の判断であるが、当時の日本は、政治も軍事（作戦）も、双方を軍人が独占していたため、自国の軍事的状態を客観的に判断する「政治」が存在しなかった。戦争を止める「政治」が存在しない限り、現場の軍人たちは戦い続けなければならなかった。

質・量ともに圧倒された絶望的な戦況のなかで、第一線の将兵のなかには、次第に、どうせ出撃して帰れないのならば、少しでも戦果が挙げられる（と思われる）「体当たりしかない」という悲壮な雰囲気が生まれた。また、指揮官のなかにも、どうせ部下を死なすことになるのなら「若者に意義ある死に場所をあたえたい」という悲壮な精神主義が強まった。

特攻の主流である航空特攻は、後述するように一九四四年一〇月二一日から始まるが、実際には、水上・水中特攻兵器の開発は、それよりも半年ほど前から始まっていた〈註7〉。もっとも早く開発が始まったのは、海軍の人間魚雷〈回天〉で、その開発は一九四四年二月下旬に始められ、七月二五日に初の航走実験、一一月より実戦配備（母艦である潜水艦に搭載）された。また、特攻艇〈震洋〉の開発も、四月に軍令部より提案され、五月二七日に試作艇が完成、八月二八日に早くも兵器として採用された。陸軍もほぼ同様の特攻艇である〈四式連絡艇〉（通称㋹艇＝まるレ）を開発し、八月より生産を開始していた。

つまり、航空特攻が始められる前に、すでに操縦者が生還しないことを大前提とした特攻専用兵器の開発は始まっており、のちに大規模におこなわれる常軌を逸した作戦への心理的な防壁は、陸海軍の一部で突破されていたといえる。これらの特攻専用兵器の開発を積極的に押し進めたのは、実戦あるいは訓練部隊の若手将校たちであり、軍中央も彼らの強い要求に押される形で開発を承認したが、本来、軍中央がそのような意見に同調したことは、正統的な兵器開発を放棄したに等しい行為であった。特攻兵器の開発は、兵器開発競争における敗北宣言ともいえるものであった。

また、敵には打撃を与えるものの、参加将兵に生還の道が用意されていないという点では、特攻は「玉砕」戦法の一種と見なすこともできる。日本軍は将兵が捕虜になることを認めず、また、大本営も孤立した部隊を撤退させるタイミングをしばしば逸したために、一九四三年五月のアリューシャン列島アッツ島以来（実際にはそれ以前から）アジア・太平洋の各地の戦場で日本軍部隊は「玉砕」＝全滅することとなった。「玉砕」は、客観的には撤退できない状況を作ってしまった大本営をはじめとする上級司令部の明らかな失敗であるにもかかわらず、一方的に第一線部隊に犠牲を強いたものである。

その失敗の責任を逃れるために、大本営は撤退の機会を逸した部隊の全滅を「玉砕」（価値あるものとして砕け散る）と言葉の上では最大限に褒め讃え、アッツ島の場合には全滅部隊の指揮官を「軍神」として祀りあげた。アッツ島にせよ、その後のマキン・タラワにせよ、そこでの部隊の全滅は軍事的には価値などなかったといってよい。

しかし、現実には、上級司令部の作戦の失敗・不手際にすぎない「玉砕」を、第一線部隊では、自らが滅することで他の部隊（より上級のもの）を生かそうとする「忠義」の意識、さらには、あたかも「玉砕」すること自体が価値があり尊いものであるかのように感じる意識をもって受け入れていったのである。また、そのように意識しなければ、自分達の意味のない全滅を納得できなかったのであろう。

このように、陸海軍の一部で始まった特攻専用兵器の開発と、戦況の急激な悪化にともなう「玉砕」＝全滅の恒常化によって、尋常ならざる特攻作戦実施への精神的な地ならしはできていったといえる。

特攻の始まり――陸軍の躊躇と海軍の決行

実際の航空特攻は、一九四四年一〇月に海軍が始め、一一月に陸軍が続く形になったが、爆弾を搭載した航空機による体当たりによる特攻を作戦として実施することを最初に決定したのは陸軍（参謀本部）であった。参謀本部は七月に、四式重爆や九九式双軽爆を特攻用に改造することを決め、九月二五日には作戦課が、特攻部隊の編成と特攻作戦の推進を決定している〈註8〉。九月二九日に大本営陸軍部（参謀本部）が、次期決戦が予定されているフィリピンの第一四方面軍に対して発した「要望」でも次のように強調されている。

必殺戦法ニ就テ

今ヤ優勢ナル敵ニ対シ尋常一様ノ手段ヲ以テシテハ戦勝ヲ獲得スルコトハ至難ナリ即チ従来ノ如キ生温キ観念ヲ脱却シテ国軍独特ノ殉国ノ精神力ヲ極度ニ発揮シ、空、海、地共深ク敵中ニ挺進肉迫シ、死中克ク活ヲ求メ、体当タリニ依リ一機一艦、一人一戦車撃破主義ニ依リ、敵ヲ必殺必滅スルノ戦法ニ徹シ、敵ノ心胆ヲ奪フルノ要アリ〈註9〉

「必殺戦法」「体当たり」が強調されている。これは単に比喩的な意味ではなく、「一機一艦、一人一戦車撃破主義」と言っている以上、航空機や歩兵による肉弾攻撃を指示しているものなのである。陸軍は、中央から第一線部隊へのトップダウン方式で、体当たり＝特攻を実施しようとしていた。だが、陸軍中央が当初考えていたような四式重爆や九九式双軽爆といった大型機による体当たり（一トン程度の爆薬を積み、敵艦を撃沈するという攻撃効果を第一に考えていた）計画には、陸軍内部にも、そもそものような鈍重な飛行機が警備厳重な目標（航空母艦や戦艦）まで接近できないのではないか、という現実的な観測もあった。そのため、陸軍の場合、中央が体当たりを決定し、前述のようにその実行を督促しても、それを実行する第一線部隊（この場合は、フィリピンの第四航空軍）は成功に確信がもてず、明らかに実施を躊躇していたのである。

他方、海軍では、陸軍のようなトップダウン方式の決定ではなく、第一線部隊の第一航空艦隊において一〇月一九日に大西瀧治郎司令長官が特攻隊の編成を命じ、海軍中央部が追認する形式をとった（大西は、事前に及川古志郎軍令部総長に内諾を得ていた）。しかも海軍では、大型機による体当たりを計画していた陸軍とは異なり、第一線部隊の発想を重視し、高速・小型の戦闘機に、それほど大型でない二五〇キロ爆弾を装着して、破壊力よりも体当たりを成功させること（敵艦の撃沈ではなく、空母の飛行甲板を一時的に使用不能にさせること）を第一に考えたのである。そしてついに、レイテ沖海戦に際して、水上部隊のレイテ湾突入を支援するための一時的、非常の策として、第一航空艦隊は、爆装した戦闘機に組織的な体当たり攻撃を実施させるに至ったのである。

一般に、「特攻第一号」は、一九四四年一〇月二五日に、ルソン島マバラカット基地から飛び立ち、アメリカ護衛空母セント・ローに突入し撃沈した関行男大尉を指揮官とする第一神風特攻隊敷島隊の爆装零戦五機であるとされている。だが、これは、あくまでも顕著な戦果をあげた「第一号」ということであって、この日、関大尉らよりも早く四隊（計八機）が、関大尉らと同時刻に他に二隊（計五機）が出撃している。また、戦果は未確認ながら、組織的な航空特攻作戦の出撃・未帰還の第一号ということになると、一〇月二一日にセブ基地から出撃した、久納好孚《くのうこうふ》中尉が指揮する第一神風特攻隊大和隊の爆装零戦二機である。

天皇の激励と特攻の拡大

海軍による「神風特別攻撃隊」の実施は、大元帥である昭和天皇にもただちに報告された。敷島隊の戦果は、「航空母艦一隻撃沈、同一隻炎上撃破、巡洋艦一隻撃沈」〈註10〉と認定され、一〇月二六日の戦況上奏の際に、及川古志郎軍令部総長より天皇に報告された。天皇は「そのようにまでせねばならなかったか、しかしよくやった」と及川総長に語ったとされている〈註11〉。しかし、天皇が、この特異な作戦にショックをうけ、何らかの説明をもとめたのは確かである。大本営海軍部では天皇の納得をえるため、さっそく「神風特攻隊御説明資料」を作成し、二八日に提出している。そこには、次のように記されている。

神風特攻隊御説明資料（昭和一九—一〇—二八）
神風特攻隊ハ現戦局打開ノ為在比島海軍航空部隊ヲ以テ編成致シマシタ特別攻撃隊

デ御座イマス　本攻撃隊ハ計画的ニ敵航空母艦ニ体当リヲ敢行シ其ノ機能ヲ封殺スルノヲ目的ト致シテ居リマシテ其ノ編制ハ二五〇瓩《キロ》爆弾装備ノ戦闘機二―三機ヲ以テ攻撃隊トシ之ニ略《ほぼ》同数ノ戦闘機ヲ直掩隊トシテ附シ掩護竝《ならび》ニ戦果確認ヲ実施セシメテ居リマス

攻撃ノ成果中今日迄判明致シマシタモノハ二五日一二〇〇頃「スルアン」島ノ三〇度三〇浬《かいり》ニ於キマシテ航空母艦四隻ヲ基幹トスル敵機動部隊ヲ攻撃隊四機ヲ以テ攻撃、航空母艦一隻ニ対シマシテ二機命中致シマシテ轟沈セシメ他ノ母艦一隻ニ対シマシテ一機命中之ニ火災ヲ生ゼシメ停止セシメマスト共ニ巡洋艦一隻ニ対シ一機命中之ヲ轟沈セシメテ居リマス〔中略〕

本特攻隊ガ帝国海軍従来ノ特別攻撃隊マタハ決死隊ト異ナリマス点ハ計画的ニ敵艦ニ突入致シマス関係上生還ノ算絶無ナル点デ御座イマス

本計画ハ最初第一航空艦隊ノ戦闘機ノミニテ編成致シテ居リマシタガ現在デハ各隊各機種ニ及ボシツツアル模様デ御座イマス〈註12〉

上奏文にある「計画的ニ敵艦ニ突入致シマス関係上生還ノ算絶無」という一節は、実に衝撃的である。また、最後の部分の「模様デ御座イマス」という表現は、この作戦を実施したのがあくまでも第一線部隊であり、大本営が命じたのではないという責任逃れ的なニュアンスを感じさせる。

本来、一時的な非常の策として採用された特攻作戦であるが、レイテ沖海戦の際には、第一航空艦隊では、熟練搭乗員を選抜・指名して（志願ではなく）、第一陣の特攻隊を編成したため〈註13〉、予想以上に戦果もあがり（空母の使用不能を狙ったが、一隻を撃沈し、数隻に損傷を与えた）、そのため以後、恒常的な戦法として採用されるにいたった。また、天皇による「よくやった」という発言は、直ちに前線部隊にも伝えられ、さらなる航空特攻作戦を強行させる要因の一つともなった。

海軍の特攻の成果に刺激され、すでに体当たり攻撃の実施を決定していた陸軍では、実施を躊躇していた第四航空軍に作戦実施を強く督促し、一一月七日以降、第四航空軍は特攻隊を繰り出すようになる。陸軍の特攻隊の出撃・未帰還第一号は、七日に出撃した、陸軍特攻隊富嶽隊の四式重爆一機である。陸軍では、中央部の決定にもとづき、四式重爆撃機（富嶽《ふがく》隊）や九九式双発軽爆撃機（万朶《ばんだ》隊）といったあらかじめ特攻用に改造された爆撃機による特攻を始めた。前述したように、爆撃機を使用したのは、なるべく爆弾搭載量を増やし、戦艦・航空母艦を一機で撃沈することをねらったためである。しかし、軽快な爆装戦闘機によって海軍が一定の成功をおさめたことから、陸軍でも、急遽、一式戦闘機（隼）や四式戦闘機（疾風）に爆装して特攻機として使用することになった。

特攻の実態とその帰結

特攻が、もっとも大規模に展開されたのが沖縄戦である。また、特攻自体、フィリピン戦において量的に拡大されるにつれ、必ずしも「選抜」や「志願」と言えない「部隊ぐるみ」の全軍特攻方式に変質した。一九四五年二月、当時、台湾の海軍航空隊に勤務していた零戦のベテランパイロットは、次のように回想している。

……本部裏の道場の畳の上に、「搭乗員総員集合」が令された。中島〔正〕中佐〔第三四三航空隊副長〕が前に出て来られて、「その場に腰を下ろせ」と令し、訓示がはじまった。「敗色濃くなった今日の大勢を逆転させるには、特攻以外に方策はない。よっていまから諸君に問う」と前置きし、「下を向いて目を閉じよ。全員、ただ今をもって特攻に志願してもらいたい……都合の悪い者は手を上げろ……」

咳一つない静寂がつづく。

「目を開け。ありがとう、ありがとう。全員志願してくれてありがとう」

その後、「じつは私も志願したい。しかし、私は職務上それができない。しかし、飛行機がなくなったら、居合の名人であるから、敵を一人でも倒して諸君の後を追う」としめくくった。

解散になっても、だれも語ろうとしなかった。宿舎へ帰るとき、一人の者が「なにが居合の名人だ」と、吐き捨てるように言ったのを聞いた〈註14〉。


特攻が始まって四か月、沖縄戦を前にして、すでに「志願」とはまったく名ばかりのものになっていたことがわかる。このような状況で上官から「志願してもらいたい」と言われて断れる者はまずいないだろう。また、特攻隊を出撃させる指揮官の側は、まず例外なく「諸君の後を追う」とか「最後の一機には自分も乗り込んで」といったことを訓示しているのだが、この史料に出てくる中島中佐を含めて、そのようなことを実行した指揮官は、大西瀧治郎や宇垣纏《うがきまとめ》などがいるにはいるが、ほとんどいなかったことも事実である。その点で、特攻は「玉砕」戦の一種であると前述したが、上級指揮官は命ずるだけで、部下とともに突入することはない点で、孤島での「玉砕」とは異なっている。

沖縄戦ではこのような状況で、「志願」という名の強制によって、大量の特攻が実行される。大規模な特攻によって、連合軍（米軍が中心だが英海軍の艦艇も参加した）側の損害も急激に増加した。一九四五年四月から七月末の間に沖縄近海で日本軍の攻撃（おもに特攻）により連合軍側は三四隻を撃沈され、三六八隻が損害をうけた。沖縄戦における米海軍の戦死者は四九〇〇人にのぼった。これは沖縄での地上戦における陸軍の四六〇〇人、海兵隊の二八〇〇人を上まわるものであり、アジア太平洋戦争における米海軍の戦死者のおよそ七分の一にあたる。沖縄戦における日本軍の特攻の激しさがわかる。

しかし、日本軍の損害はさらに膨大なものであった。沖縄戦で日本陸海軍は約二九〇〇機（うち特攻機は約二三〇〇機）の飛行機と、約四四〇〇人の搭乗員を失った。特攻が米軍に大きな損害を与えたとは言っても、損害を与えることができたのは二三〇〇機のうちの約二五〇機（全体の一一％）であって、沈没したのは全て駆逐艦以下の小艦船であり、米機動部隊の中核である大型空母のうち戦線を離脱したのはバンカーヒルとエンタープライズの二隻のみであった。特攻は米海軍を大いに悩ませはしたが、作戦遂行を断念させるほどの決定打ではなかった。一方、日本の航空兵力は、機材の面でも人員の面でも沖縄戦で根底から崩壊してしまった。

特攻は本来、レイテ沖海戦の際、米機動部隊の行動を一時的に封じるための非常の策として採用されたものであった。海軍部内にも、陸軍部内にも、特攻を恒常的な戦法とすることにはためらいがあった。しかし、沖縄戦に際しては、非常の策どころか、特攻が航空攻撃の主役、作戦の主流になってしまったのである。特攻はそれ自体、異常な戦法であったが、沖縄戦において変質し、統帥の常道からさらに大きく逸脱するものとなったといえる。特攻はあくまでも「志願」によるものとされていたが、このように特攻が作戦の主役となり、かつ大規模化したことにより、前述したように「部隊ぐるみ」の特攻が普通になり、「志願せざるを得ない」空気が醸成されてしまった。これは、当時、連合艦隊の航空参謀や大本営海軍部の参謀を務めた奥宮正武も認めるところである〈註15〉。

また、現実には、特攻以外の戦法でも戦果が挙げられそうなベテラン搭乗員や軍隊組織の骨幹をなす陸軍士官学校や海軍兵学校を出た将校は、志願しても実際にはなかなか出撃要員には指名されず、技量の未熟な者や予備士官などは志願すると直ちに出撃というケースが多かった。

特攻は恒常化・大規模化するとともに、とにかく出撃機数を揃えることが重視されだし

表３　航空特攻に使用された航空機の機種とその出撃数

海軍		陸軍	
機種	機数	機種	機数
爆装戦闘機	862	一式戦闘機	259
彗星（艦上爆撃機）	268	九九式襲撃機	184
銀河（陸上爆撃機）	166	九七式戦闘機	176
九九式艦上爆撃機	153	四式戦闘機	110
白菊（練習機）	101	三式戦闘機	85
九七式艦上攻撃機	93	二式双発襲撃機	37
陸上攻撃機	62	九九式高等練習機	37
水上偵察機	61	九八式直協機	26
桜花	57	二式戦闘機（複戦）	24
天山（艦上攻撃機）	53	二式高等練習機	24
流星（艦上攻撃機）	17	九九式双発軽爆撃機	18
中間練習機	11	四式重爆撃機	10
九六式艦上爆撃機	10	百式司令部偵察機	7
月光（夜間戦闘機）	1	九九式軍偵察機	4
彩雲（偵察機）	1	不明	2
合計	1916	合計	1003

出典：表２−１と同じ。

た。表３は、航空特攻作戦に使用された航空機の機種とその出撃・未帰還機数である。航空機の機種は、上から使用された数量が多い順にならべてある。海軍の「爆装戦闘機」の機種の内訳は不明であるが、大部分は零式艦上戦闘機（零戦）であると推定されるので、海軍の特攻使用機種は、零式艦上戦闘機（零戦）・彗星・銀河・九九式艦上爆撃機・白菊の順である。また、陸軍は、一式戦闘機（隼）・九九式襲撃機・九七式戦闘機・四式戦闘機（疾風）・三式戦闘機（飛燕）の順である。

海軍では練習機である白菊が一〇一機、陸軍では旧式戦闘機である九七戦が一七六機も使用されている。新鋭の戦闘機であっても、本来、爆装を予定してない機種に二五〇キロもの爆弾を搭載すれば、戦闘機本来の運動性は著しく低下する。アメリカ側の戦闘機に迎撃されれば、それを振り切ることは至難のことであろう。ましてや、低速の練習機や旧式戦闘機では、敵艦に接近することすらまず不可能であったと思われる。それにもかかわらず、多数の練習機・旧式機が投入されたのは、戦果をあげるためというよりも、「本土決戦」のための戦力温存（新鋭機種の出し惜しみ、あるいは特攻搭乗員が新鋭機種を操縦できない未熟な者であることが多い）、もしくは、上級司令部が出撃機数をそろえるための措置としか言いようがないのである。

戦没者の〈死〉の意味

航空特攻作戦は、戦況の悪化と日本軍の「玉砕」が恒常化するなかで、米軍との戦力格差が絶望的に開き、同時に、日本軍のパイロットの技量が全般的に低下（燃料不足で十分な訓練ができないことが主因）し、通常の爆撃・雷撃による戦果が望めなくなったために、非常の策として実施されたものであった。だが、特攻を恒常的な戦法としたことは、戦略的に挽回不可能なことを、戦術的な第一線将兵の勇戦敢闘によって打開しようとしたものであり、また、年輩者の無策を若者の命によって補おうとしたものであった。そして、特攻は結局は、自らの戦力の基盤それ自体を崩壊させるものであったわけで、本来は軍の指導者・指揮官としてはやってはならない「禁じ手」であったと言わざるを得ない。

このような「禁じ手」である特攻について、どのような形であれ美化することは、若者の戦死の実態を覆い隠し、このような作戦を強行した戦争・作戦指導者の責任を雲散霧消させるものである。特攻について語るとき、私たちは、このような理不尽な作戦を強行した軍指導者をまず第一に批判すべきであり、「慰霊」の名の下に、責任の所在をあいまいにしてしまってはいけないのである。

靖国神社には遊就館という博物館が併設されている。遊就館は、一八八二年に開館した施設で、靖国神社に祀られている祭神（戦没者）の遺品や戦争に関連した遺物（兵器・武具類）・資料を保存・展示している。特攻に関する展示も、戦没者の遺影・遺品・遺書など数多くなされているが、それは特攻による死者を「殉国者」として、ひたすら尊いものとして顕彰・美化しようとするものである。戦没者に対する慰霊という行為の是非についてはここでは踏み込まないが、特攻による戦死者を、戦争の性格と特攻という作戦の本質を考慮することなく、ひたすらに「殉国者」として美化することは、それは戦死者の死を無にする行為である。

おそらく、特攻による戦死者を顕彰・美化しようとする動きを背後で支えているのは、日本がおこなった戦争を「侵略戦争などと言ったら、それで死んだ将兵は浮かばれない」といった、心情的「犬死に」拒否論であろう。特攻による戦死者を、現代人が忘れずに顕彰する、彼らに感謝することによって、死んだ者が浮かばれる、という心情であり、それこそが現実に〈靖国の思想〉を支える感情である。

私たちは、特攻による戦死者のことを忘れてはいけないが、さりとてそれをただ顕彰し、美化したところで彼らの死を意味あるものに変えることはできないのである。戦争で死亡した人々の死を「犬死に」（意味のない死）にするかどうかは、死亡した本人ではなく、むしろ、生き残った人々（あるいは後世の人々）のあり方にかかっている。非常に突き放した言い方をすれば、特攻だけでなく、アジア太平洋戦争において戦死した日本軍将兵は、日本の勝利のために、あるいは戦局の好転を信じて死亡したのであるから（もっとも、おそらく絶望の中で戦死・溺死・病死・餓死した人の方が多いであろうが）、日本が戦争に敗北した時点で、彼らの死は、いったんは無意味なものになってしまったといえる。どのような心情をいだいて死んだにせよ、戦争が敗北という結果に終わった以上、死亡した本人に自らの死の意味を変えることは不可能である。死亡した人の死の意味を「犬死に」（意味のない死）のままにするのか、それを意味ある死にするかは、生き残った人や後世の人の行動にかかっている。

戦争で死亡した人々の死を、意味あるものにするのも、無意味なものにしてしまうのも、私たちがどのような社会をつくるかにかかっている。もし、私たちが、憲法の「戦争放棄」と「戦力不保持」の理念につながった戦争への反省を忘れ、再び多くの戦死者を出すような事態を招いてしまえば、私たちは戦死者の死を意味のないものにしてしまうのである。その点で、特攻というあってはならない行為を顕彰・美化することは、死者を使って戦争への批判的な言動を封じようとするものであり、かえって死者を冒涜する行為だと言わざるをえないのである。

【註】

1　靖国神社資料（遊就館展示資料）より。二〇〇四年一〇月一七日現在。

2　ここでは、以下の文献を参考にしている。靖国神社編『靖国神社百年史』全四巻（同社、一九八三～一九八七年）、大江志乃夫『靖国神社』（岩波新書、一九八四年）、靖国神社遊就館編『靖國神社遊就館――社宝と戦歿者の遺芳』（同社、一九八七年）、村上重良『慰霊と招魂』（岩波新書、一九九五年）。

3　戦争遂行のための三要素については、拙稿「第二次世界大戦における日本の軍事的位置」、歴史学研究会・日本史研究会編『日本史講座』第一〇巻（東京大学出版会、二〇〇五年）を参照のこと。

4　デニス・ウォーナー／ペギー・ウォーナー（妹尾作太男訳）『ドキュメント神風』下（時事通信社、一九八二年）三六五頁。

5　表2を作成するにあたっては、出典に示した著作からデータを集計したが、まだ不明確な部分もあり、完全な集計とは言い難い。また、表2-1には、「玉音放送」後におこなわれた海軍の第五航空艦隊司令長官・宇垣纏中将によるいわゆる「私兵特攻」（彗星七機）は含んでいない。

6　拙著『軍備拡張の近代史――日本軍の膨張と崩壊』（吉川弘文館、一九九七年）二〇〇頁。

7　拙稿「本土決戦体制への道」、歴史教育者協議会編『幻ではなかった本土決戦』（高文研、一九九五年）所収。

8　森本忠夫『特攻――外道の統率と人間の条件』（文藝春秋、一九九二年）一一三頁。

9　大本営陸軍部「第十四方面軍司令官ニ対スル参謀総長要望」（一九四四年九月二九日）、松野誠也・山田朗編『大本営陸軍部　上奏関係資料』（現代史料出版、二〇〇五年）四九一頁所収。なお、原文の旧字は新字に直した。

10　富永謙吾『大本営発表にみる太平洋戦争の記録』（自由国民社、一九七〇年）二〇一頁。

11　猪口力平・中島正『神風特別攻撃隊』（河出書房、一九六七年）一一一～一一二頁。

12　「神風特攻隊御説明資料（昭和一九―一〇―二八）」、大本営海軍部『昭和十九年十月奏上書』（防衛庁防衛研究所図書館所蔵）所収。なお、原文の旧字は新字に直し、資料中の傍点・ルビは山田が付した。

13　前掲『特攻』、一二八頁。
14　杉野計雄『撃墜王の素顔——海軍戦闘機隊エースの回想』（光人社NF文庫、二〇〇二年）二〇五～二〇六頁。
15　奥宮正武『海軍特別攻撃隊』（朝日ソノラマ、一九八二年）三〇〇頁。

III 歴史修正主義を支える戦争観

現在、歴史修正主義は、政界やネット社会ではたいへんな勢力となっている。ここで言う歴史修正主義とは、単なる既成学説への批判ということではなく、歴史を直視せず、現実にあったことを「なかった」とする考え方のことである。たとえば、「南京大虐殺まぼろし論」がその典型で、学問的には完全に破産している議論が、くりかえし再生産されている。歴史修正主義が広がる背景としては、少なくとも二つのことが考えられる。

第一には、日本がおこなった戦争を侵略戦争とは認識せず、いまだに「アジア解放のための戦争」あるいは「自存自衛」のための「やむにやまれず」おこなった戦争、と捉える歴史認識や、あるいはそう思うことにより、戦争やその時代を日本人が生きたことに価値を見いだそうとする心性が、日本社会の中で一定の力を持っていることである。

そして、第二に、戦後七〇年近くが経過して、現代の私たちのなかで、とりわけ戦争非体験世代のなかで、知識と構想力の不足から戦争・植民地支配というものに対するイメージが希薄化し、戦争・植民地支配を肯定・擁護しようという議論に具体的に反論できる力が低下していることである。

第一の点について述べれば、日本がおこなった戦争や植民地支配を肯定するような価値観や認識が、克服されないままに、時間的経過とともに自然消滅するどころか、つねに再生・再編されながら日本社会の中に引き継がれており、そうした漠然としたものが歴史修正主義の「養分」になっているということである。

その価値観や認識とは、一言でくくることが難しいものだが、いくつかのパターンに分けることは可能である。歴史修正主義の「養分」となっている漠然とした価値観・認識はおおむね次のようなものだと思われる。

①侵略したり、植民地支配をしたのは「日本だけではない」という論
②戦争や植民地支配は「良いこともした面もある」という論
③「大東亜戦争」は「アジアの独立に役立った」という論
④日本は英米にたいして「やむにやまれず立ち上がった」という論
⑤戦争はおこなったけれども「領土的野心はなかった」という論
⑥「侵略戦争」などと言ったら、「戦没した人は犬死になのか」という論
⑦昭和の戦争は悪かったかもしれないが、明治時代の戦争は良かったという論
⑧「現在の価値観で過去を見るな」という論
⑨戦前・戦中の出来事は「戦後生まれには関係ない」という論

歴史学の専門研究者の中においては、これらの議論の多くはとっくに克服されたと思われているものである。戦後歴史学における戦争研究・植民地研究の努力は、実際これらの議論の大半を克服してきたし、そういった研究成果も刊行物などとして一般に公開されている。また、歴史学の研究成果は、教科書などを通じても社会的な影響力を行使していると言ってよい。そういった成果が、着実に広がったからこそ、歴史修正主義の立場からの反撃も出てきたと見ることもできる。

しかしながら、歴史学の専門研究者が蓄積してきた成果が大きなものではあったとしても、上述したような戦争・植民地支配を肯定してしまうような価値観・認識は、強弱の違いはあるものの、戦後日本社会に今日に至るまで、一定の影響力をもってきたこともまた確かなことである。それは、書店に行ってそこに並べられている本を見れば、よくわかることで、歴史学の専門研究者が築いてきた知見・認識は、まだまだ日本社会の中では一般的な〈常識〉にはなりきっていないのである。それは、専門研究者の成果を「知らない方が悪い」という問題ではなく、むしろ、研究成果を積極的に一般に広めてこなかった研究者の側に責任があると思う。

上述したような「克服されていない戦争観」そのものを対象化して、その克服をめざす研究も存在する。江口圭一『日本の侵略と日本人の戦争観』（岩波ブックレット、一九九五年）や吉田裕『日本人の戦争観』（岩波書店、一九九五年）などがその代表的なものである。とりわけ、江口圭一氏は、新聞の投書などにあらわれた様々な戦争肯定論を類型化し、その克服のために史実を対置している。江口氏は、先にあげた①「日本だけではない」論を「英米同罪史観」、③「アジアの独立に役立った」論を「解放戦争史観」、④「やむにやまれず立ち上がった」論と⑤「領土的野心なし」論を「自衛戦争史観」、⑥「戦没した人は犬死になのか」論を「殉国史観」と、巧みに類型化し、的確に批判している。

私もここで、それぞれの「克服されていない戦争観」についてコメントしておきたい。

1　侵略したり、植民地支配をしたのは「日本だけではない」という論

①「日本だけではない」という議論は、日本の侵略や植民地支配にふれると必ずといってよいほど出てくる意見である。侵略や植民地支配が「日本だけではない」ことは事実で、そもそも「日本だけがやった」という意見などあり得ない。それでも、「日本だけではない」という議論が出てくるのは、「日本だけが批判されるのはおかしい」という意味なのであろう。侵略と植民地支配の大先輩は欧米諸国であって、その真似をしたに過ぎない日本だけがなぜ責められるのか、という不公平感のあらわれである。

また、歴史に侵略や支配はつきもので、どの国も多かれ少なかれやったことなのだから、なぜ、「日本だけ」が反省したり、謝罪しなければならないのか、という感情の発露である。

日本もアジアの一員である以上、大航海時代以降、二〇世紀にいたるまで続いた欧米諸国によるアジア侵略と植民地化にたいして正面から批判する権利を有している。もっと

も、日本の場合、一九世紀以降、欧米列強を手本にしてアジア諸国を侵略してしまったので、自分のことを棚に上げて、欧米だけを批判するというのでは説得力がない。したがって、欧米諸国の侵略と植民地主義を批判するためにも、日本がやった侵略や植民地支配のことをまず直視して、みずから批判的に検討しておく必要があるのである。

たとえば、小林よしのり『戦争論』（幻冬舎、一九九八年）では欧米の白人帝国主義に対する批判が非常に厳しくおこなわれている。だが、日本は白人帝国主義を批判しながら結局自らも異民族支配、帝国主義の道を歩んだ。日本は、欧米帝国主義とは異なり、「皇民化」、同化主義という形で異民族支配をやっていく。欧米の差別主義と日本の同化主義は、支配されている側にとってはどちらがよくてどちらが悪いという問題ではない。欧米帝国主義国は、本国人と植民地人を本質的に区別して支配したが、日本は、本国人と植民地人を建前の上では「日本人」あるいは「皇民」と同等であるとしながらも、実際には朝鮮人のことを「半島人」などと呼んだように、けっして同等の者として扱わなかった。日本が明治以来、「脱亜」の道から「大アジア主義」への道をたどっていったという前提条件を押さえておかなければいけない。昭和になって初めてそのような流れが出てきたわけではないのである。

2　戦争や植民地支配は「良いこともした面もある」という論

②戦争や植民地支配では「良いこともした」という議論は、いまだに繰り返し再生されている議論である。現在の「戦争完全非体験世代」＝「非体験第二世代」（自分の親にも戦争体験がない世代）には植民地支配というものへの実感・イメージが希薄なので、「良いこともした」という意見は意外に浸透力をもっている。

たとえば、日本は植民地（朝鮮や台湾）に学校を造って教育水準を高め、道路や橋を造るなど社会資本（インフラストラクチャー）の整備をおこなったので、それらが戦後のこれらの地域の経済発展の基礎になった、というような意見である。植民地支配の「悪いところ」も「良いところ」も両方を見るのが「公平な見方」という言い方をするので、一見ニュートラルな印象をあたえる意見である。

しかし「良いこと」とは何だったのか、ということをあらためて考えてみる必要がある。

学校を建てたとか、道路や橋を造ったなどという「良いこと」は、あくまでも植民地支配のために必要だったことなのだ。植民地支配のために必要ということは、基本的には本国の利益のため、統治を円滑におこなうためということである。植民地支配に必要であればこそおこなった産業の振興や社会資本の整備と資本の投下などを現代的な感覚で、地域の振興とか住民の福祉のための政策などと勘違いしてはいけないのである。

3 「大東亜戦争」は「アジアの独立に役立った」という論

③日本の戦争は「アジアの独立に役立った」という議論も、いまだによく聞かれるものである。戦後、アジア諸民族が、欧米の植民地支配から脱して独立を達成したことは確かである。だが、戦後、アジア諸国が独立したことと日本が戦争を起こしたことをストレートに結びつけてはならない。なぜなら、日本政府は、戦争に際して、「新秩序」の建設や、「大東亜の解放」をさかんに宣伝したけれども、ここでいう「新秩序」や「解放」は、アジア諸国・諸民族の独立を必ずしも意図したものではなかったからである。それは、アジア太平洋戦争を始める前に、日本側が占領地をどのように取り扱うかを決定していたことからも確認することができる。

一九四一（昭和一六）年一二月初旬の武力発動を決定した一一月五日御前会議の後、東條英機内閣と統帥部は、戦争のシナリオ作りを急速に進め、一一月一五日には「対米英蘭蔣戦争終末促進に関する腹案」を決定した（「蔣」とは重慶に根拠をおく蔣介石政権のこと）。この対英米戦争のシナリオで、戦争遂行の大前提とされたのが、南方資源地帯の占領と開発、自給自足経済圏の建設であった。そのため、南方資源地帯の占領にあたっての基本方針＝軍政当局が準拠すべき基本原則として、一一月二〇日に大本営政府連絡会議で決定されたのが、「南方占領地行政実施要領」である。重要な部分を掲げておこう（特に注目すべき箇所には傍線を付してある。以下同様）。

南方占領地行政実施要領〔一九四一年一一月二〇日　大本営政府連絡会議決定〕

第一　方　針

占領地ニ対シテハ差シ当リ軍政ヲ実施シ治安ノ恢復《かいふく》、重要国防資源ノ急速獲得及作戦軍ノ自活確保ニ資ス

占領地領域ノ最終的帰属並《ならび》ニ将来ニ対スル処理ニ関シテハ別ニ之ヲ定ムルモノトス

第二　要　領

一　軍政実施ニ当リテハ極力残存統治機構ヲ利用スルモノトシ従来ノ組織及民族的慣行ヲ尊重ス

二　作戦ニ支障ナキ限リ占領軍ハ重要国防資源ノ獲得及ビ開発ヲ促進スヘキ措置ヲ講スルモノトス

占領地ニ於テ開発又ハ取得シタル重要国防資源ハ之ヲ中央ノ物動《ぶつどう》計画〔物資動員計画〕ニ織リ込ムモノトシ作戦軍ノ現地自活ニ必要ナルモノハ右配分計画ニ基キ之ヲ現地ニ充当スルヲ原則トス〔中略〕

七　国防資源取得ト占領軍ノ現地自活ノ為民生ニ及ホササルヲ得サル重圧ハ之ヲ忍ハシメ宣撫《せんぶ》上ノ要求ハ右目的ニ反セサル限度ニ止《とど》ムルモノトス

八　米英蘭国人ニ対スル取扱ハ軍政実施ニ協力セシムル如ク指導スルモ之ニ応セサルモノハ退去其ノ他適宜ノ措置ヲ講ス

枢軸国人ノ現存権益ハ之ヲ尊重スルモ爾後《じご》ノ拡張ハ勉メテ制限ス

華僑ニ対シテハ蒋政権ヨリ離反シ我カ施策ニ協力同調セシムルモノトス

原住土民ニ対シテハ皇軍ニ対スル信倚《しんい》観念〔信頼感〕ヲ助長セシムル如ク指導シ其ノ独立運動ハ過早《かそう》ニ誘発セシムルコトヲ避クルモノトス〈註1〉

この「実施要領」では、まず「方針」として南方占領地にたいする軍政の最重要課題として、①治安の回復（抗日・反日勢力の一掃）、②重要国防資源の「急速獲得」（戦略物資の開発・取得）、③占領軍の自活（食糧の現地調達）があげられている。①③は、日本軍が、中国占領地でもおこなってきたことであり、②は、獲得した資源を使って戦争を継続しようというアジア太平洋戦争特有の課題である。重要国防資源（石油・ゴム・ボーキサイト・錫など）の「急速獲得」については、この「実施要領」の「要領　二」において、南方占領軍は、作戦に支障をきたさない限り、資源の開発・獲得に力を注ぎ、獲得した資源はただちに日本本国の「物動計画」におりこみ、占領軍が現地で消費する以外のものは、すべて日本に輸送するとしていた。

「南方占領地行政実施要領」に掲げられた南方軍政の課題のうち、重要国防資源の開発・獲得と現地軍の自活は、占領地において労働力と食糧を獲得することを前提にしている。当然のことながら、それは、占領地の一般住民を労働力として動員し、また、占領地で生産された食糧を日本軍が徴発するということであり、占領地の一般住民に大きな負担を強いることになる。

そのことは、日本側も十分に承知していた。「実施要領」の「要領　七」においても、住民負担とそれへの対処方法が記されている。その中で、わざわざ「民生ニ及ホササルヲ得サル重圧ハ之ヲ忍ハシメ」とあるということは、大本営政府連絡会議においても、南方軍政が、占領地の一般住民に「重圧」を及ぼすことを予想していたことを示している。しかも、その後に「宣撫上ノ要求ハ右目的ニ反セサル限度ニ止ムルモノトス」とあるのは、「大東亜共栄圏」「欧米からの解放」といった「宣撫」(宣伝や民心把握のための工作)上の要求は、「右目的」すなわち「重圧ハ之ヲ忍ハシメ」という目的に反しない程度、つまり、「解放」宣伝をやりすぎて矛盾が顕在化しないように、と決定しているのである。これは、「解放」の宣伝と占領地行政のあいだには、大きなギャップが存在するであろうことを日本側も開戦前から自覚していたことを示すものである。

しかし、軍政実施にともない一般住民に「重圧」が加えられるにせよ、欧米の植民地支配からの「解放」を宣伝する以上、結果として各地域の民族独立運動を勇気づけることになることは予想された。占領地における民族独立運動、あるいは蔣介石政権との関係を有する華僑勢力にはどのように対処するのか、これらのことについても、あらかじめ日本側は「南方占領地行政実施要領」において原則を決めていた。

つまり、華僑にたいしては、日本軍政当局に「協力同調セシムル」として、協力しない場合の弾圧を示唆するとともに、占領地の「原住土民」＝一般住民にたいしては、その独立運動を「過早ニ誘発セシムルコトヲ避クル」とし、独立運動が自発的に高揚してくることをむしろ抑制すること、独立運動を日本側管理下におくことを定めている。この決定が、現実の占領地支配にあたっての、華僑勢力への武力弾圧、独立運動の管理統制・抑圧へとつながっていったことは明らかである。

また、華僑弾圧や独立運動の抑制は、けっして占領軍が勝手にやったことではなく、中央の方針にもとづくものであったこともわかる。この「南方占領地行政実施要領」からも、日本側の南方占領の目的が、あくまでも日本の戦争遂行の円滑化のためであり、「解放」の宣伝すらそれに従属するものであったことがわかる。日本は、アジア諸民族の「解放」やましてや「独立」を目的にして戦争を始めたわけではなかったのである。戦争で、日本が欧米勢力を一旦は駆逐したし、「解放」の宣伝をしたために、諸民族のナショナリズムを高揚させ、独立への意欲をたかめたことは確かであるが、あくまでもそれは日本が意図したことではなかったのである。

また、戦後におけるアジア・アフリカ諸国の相次ぐ独立は、基本的に、民族意識の高揚と、第二次世界大戦によって植民地本国である欧米・日本などの帝国主義諸国の支配力が相対的に低下したことに起因するものである。むしろ、日本が戦争を始めたことによって、日本が意図したことを越えて、アジア諸民族のナショナリズムを進展させ、結果として戦後の独立に導いたといえる。また、日本側に植民地を解放しようなどという考えがなかったことは、台湾や朝鮮などの古くからの植民地を「解放」しよう（独立させよう）などとは日本政府が一度も考えなかったことからも明らかである。

「独立に役立った」というようなことは、植民地や占領地に多大な犠牲を強いた日本側からけっして言い出してはならないことである。

4　日本は英米にたいして「やむにやまれず立ち上がった」という論

④「やむにやまれず立ち上がった」という「自衛戦争論」も、いまだに根強いものである。要するに、「ＡＢＣＤ包囲陣」を打破するために日本は戦争に踏み込まざるをえなくなったのだというのは、天皇が出した「開戦の詔書」の論理、国民に対していかにこの戦争が正当なのかということを説明するための論理である。

しかし、現実の歴史の過程を見ていくと、一九四一年に日本が始めた戦争は、ドイツと連携して南進しようという膨張論、武力南進論がもともとの引き金になっているわけで、自衛のためというのとは違って、むしろ積極的に日本がドイツと一緒になって世界秩序を変える、という行動であったということだ。

日中戦争に行き詰まった日本は、ドイツと連携することによって東南アジアのヨーロッパ植民地に勢力圏を広げようとするわけで、その方向が明確に出されたのが、一九四〇年七月、第二次近衛文麿内閣成立直前に、東京杉並区の荻窪《おぎくぼ》にあった近衛文麿の私邸・荻外荘《てきがいそう》にておこなわれた荻窪会談（近衛文麿・松岡洋右・東條英機・吉田善吾による会談）である。ここで、ドイツのヨーロッパでの勝利（六月にフランスが降伏）に呼応して「東西及隣接島嶼ニ於ケル英仏蘭葡〔イギリス・フランス・オランダ・ポルトガル〕殖民地ヲ東亜新秩序ノ内容ニ包含セシムルタメ積極的ノ処理ヲ行フ」〈註2〉ということ、つまり、東南アジアのヨーロッパ植民地に武力進出していくことを国家指導層は決定したのである。

この荻窪会談の申し合わせに従って、第二次近衛内閣は発足早々に「基本国策要綱」（一九四〇年七月二六日）を決め、大本営政府連絡会議も「世界情勢の推移に伴ふ時局処理要綱」（七月二七日）を決定し、日独伊三国同盟の締結とそれを背景とした武力南進路線は、正式に国策となった。荻窪会談の際に合意された「英仏蘭葡殖民地ヲ東亜新秩序ノ内容ニ包含セシムル」ことは、「大東亜新秩序ノ建設」という表現であらわれた。松岡洋右外相は「大東亜新秩序」を「大東亜共栄圏」という言葉で説明した。

松岡外相や陸軍の中には、日独伊三国同盟だけではなく、ドイツとソ連が提携関係になっている（一九三九年八月に独ソ不可侵条約を締結）のを利用して、日本もソ連と提携し、「日独伊ソ四国ブロック」を形成して、イギリスを打倒し、アメリカを封じ込めようという構想もあった。「世界情勢の推移に伴ふ時局処理要綱」においては、ソ連との国交の「飛躍的調整」が掲げられ、ソ連との関係を従来の敵対関係から提携関係へと大きく転換させようとしたのも「日独伊ソ四国ブロック」論が反映したものであった〈註3〉。

ドイツと連係して世界秩序を一変させようという積極的膨張論の台頭を背景に、陸軍と松岡外相は、強硬に三国同盟の締結をせまり、近衛首相も同調した。三国同盟には最後まで難色を示した吉田海相は「病気辞任」に追い込まれ、かわった及川古志郎海相は、海軍の中堅幹部層の意向を汲んで同盟論を承認した（三国同盟に懐疑的だった海軍も、「日独伊ソ四国ブロック」ならば、陸軍が対ソ戦争に突き進む恐れがないこと、イギリスの敗北が間近に迫っているとの観測が強まったことから同盟賛成に転じた）。

一九四〇年七月二七日の大本営政府連絡会議決定「世界情勢の推移に伴ふ時局処理要綱」にもとづき、北部仏印（ベトナム北部）進駐（九月二三日）と日独伊三国同盟の調印（九月二七日）がほぼ同時におこなわれた。

日独伊三国同盟の締結と日本の武力南進は、イギリス・アメリカとの関係を決定的に悪化させた。ヨーロッパで戦争をしている独伊との軍事同盟は、日本がはっきりと反英米仏の側についたことを意味した（すでに六月一〇日にはイタリアも英仏に宣戦していた）。

また、日本のあからさまな武力南進によってイギリス・アメリカは、みずからの植民地と権益が直接脅かされつつあるとみなした。ドイツ陣営に加わっての日本の膨張路線は、英米側の激しい報復をうむことになる。親英米的性格を残していた米内光政内閣が、陸軍によって倒され、はっきりと親独的な姿勢を示している第二次近衛内閣が成立した段階で、アメリカ政府は態度を硬化させ、七月二六日、航空機用ガソリンと屑鉄を含む対日輸出制限措置を発表した。すでに、一九四〇年一月の時点で、日米間の自由貿易を保障した日米通商航海条約は失効しており、政府の介入による輸出入制限が可能になっていた。

日本のドイツへの接近と南進がアメリカの経済制裁をひきだし、日本はさらに強引な南進路線を展開することで応酬するという悪循環が始まったのである。もともと、アメリカが日米通商航海条約の廃棄に踏みきったのも、日本が中国で戦線を華南まで拡大し、英米の権益を侵害したり、天津の英仏租界を封鎖するなどの強硬手段をとったことが原因であった。

もちろん、日米関係の悪化は、日本側だけに原因があるわけではないが、開戦にいたる関係の悪化の主たる要因が、日本のドイツと連携した武力南進路線にあることは、史実を検討すれば明白なことである。それゆえ、「自衛戦争論」は、当時のプロパガンダの要素を強く引きずった議論であり、日本の能動的な膨張主義という側面を無視した歴史認識であるといってよい。

そもそも、現に戦争をやっている一方の当事者（ドイツ）と同盟するという三国同盟というのはイギリス、アメリカとの対決ということを大前提にしている。これが三国同盟直前の日本の国家指導層の認識であり、ここには「自存自衛」よりも、まさに世界情勢の変化のなかでドイツの勝利をいかにうまく利用して南方に勢力圏を拡大するか、しかも実力を使ってでも南進しようということが明確に合意されているのである。

では、南進してどうするのか。とにかくドイツと連携するということが大前提になっていて、当時ドイツが唱えていた「世界四分割論」に乗るというのが基本的な方針になる。一九四一（昭和一六）年二月三日に大本営政府連絡会議において「対独伊『ソ』交渉案要綱」〈註4〉が決定される。これには、「一、蘇聯〔ソ連〕ヲシテ所謂『リッペントロップ』腹案ヲ受諾セシメ」とある。これはドイツが提案してきた「リッペントロップ腹案」をソ連に認めさせ、ソ連を三国同盟側に取り込み、日本もこの路線でいこうというわけである。さらに、「三、帝国ハ大東亜共栄圏地帯ニ対シ政治的指導者ノ地位ヲ占メ秩序維持ノ責任ヲ負フ」と、はっきりと日本が「大東亜共栄圏地帯」において政治的指導者の位置を占めるのだということを、独伊ソに認めさせていくということを決定している。さらに、「経済的ニハ帝国ハ右地帯内ニ於ケル国防資源ニ付優先的地位ヲ留保スル」ということで、「国防資源」については日本に優先権がある、としている。

世界全体を日独伊ソの四国でどうするのかというと、

四、世界ヲ大東亜圏、欧州圏（「アフリカ」ヲ含ム）、米州圏、蘇聯圏（印度、「イラン」ヲ含ム）ノ四大圏トシ（英国ニハ豪州及「ニュージーランド」ヲ残シ概ネ和蘭待遇トス）

と、世界を四分割して、大東亜圏は日本のもの、欧州圏（アフリカを含む）はドイツとイタリアが分配し、アメリカは米州圏に封じ込め、ソ連にはインドとイランをやってもよい、英国にはオーストラリアとニュージーランドだけ残してやり、オランダ待遇とするというのである。オランダはすでにこの時点で占領されているので、これは敗戦国の待遇ということである。

そして、「帝国ハ戦後ノ講和会議ニ於テ之カ実現ヲ主張ス」と、気が早いことに、もう講和会議を考えている。つまり、ドイツを中心とした枢軸派の勝利のうちに世界戦争は終わると見ている。この時点ではまだソ連も独ソ不可侵条約を結んでいて枢軸側なので、ソ連も含めて世界を四分割しよう、という考え方である。

日本が判断基準にしている「リッペントロップ」腹案においては、

三、三国及「ソ」聯ハ各々他方ヲ敵トスル国家ヲ援助シ又ハ斯ノ如キ国家群ニ加ハラサルコトヲ約ス

と、日独伊三国同盟をさらにソ連まで含めて日独伊ソ四国同盟にして、ソ連まで完全に取り込もうとしている。そして、

右ノ外日、独、伊、「ソ」何レモ将来ノ勢力範囲トシテ

四、日本ニハ南洋、「ソ」聯ニハ「イラン」印度方面、独ニハ中央「アフリカ」、伊ニハ北「アフリカ」ヲ容認スル旨秘密了解ヲ遂ク

と、このように世界を再分割しようとあらかじめドイツから提案があり、日本もこの四分割論でいこうではないかということで、この「リッペントロップ」腹案は天皇にまで上奏されて裁可された。

つまり、こういう南進膨張・世界再分割路線がまず日本の「自存自衛」の前にあるということが重要であり、「自存自衛」を宣伝しだすのはむしろこの後のことになる。「自存自衛」を主張する論者には、この三国同盟を軸とした日本の国家戦略論が全く抜けているために、日本がどうして戦争に踏み込んでいったのかということが見えなくなってしまっているのである。

5　戦争はおこなったけれども「領土的野心はなかった」という論

⑤日本には「領土的野心なし」というのは全く歴史的には破産した議論である。アジア太平洋戦争中の一九四三年五月三一日、日本国家は「大東亜政略指導大綱」を御前会議で決定した。そこには次のようにある。

六、ソノ他ノ占領地域ニ対スル方策ヲ左ノ通リ定ム。
但シ（ロ）、（ハ）以外ハ当分発表セス。
（イ）「マライ」「スマトラ」「ジャワ」「ボルネオ」「セレベス」ハ帝国領土ト決定シ重要資源ノ供給地トシテ極力コレカ開発並ヒニ民心把握ニ努ム。
（ロ）前号各地域ニオイテハ原住民ノ民度ニ応シ努メテ政治ニ参与セシム。
（ハ）「ニューギニア」等（イ）以外ノ地域ノ処理ニ関シテハ前二号ニ準シ追テ定ム。

（二）前記各地ニオイテハ当分軍政ヲ継続ス〈註5〉。

この「大東亜政略指導大綱」では、ビルマとフィリピンの独立を容認する一方で、はっきりと「マライ」（現マレーシア・シンガポール）と「スマトラ」「ジャワ」「ボルネオ」「セレベス」（現インドネシア）を「帝国領土」、すなわち日本領にすると決定しているのである。御前会議まで開いて領土の併合を決定している以上、「領土的野心なし」などということはまったくあり得ないことである。

そもそも「自衛戦争論」とか「領土的野心なし」というのは、「終戦の詔書」に「曩《さき》ニ米英二国ニ宣戦セル所以《ゆえん》モ亦《また》実ニ帝国ノ自存ト東亜ノ安定トヲ庶幾《しょき》スルニ出テ他国ノ主権ヲ排シ領土ヲ侵スカ如キハ固《もと》ヨリ朕カ志ニアラス」〈註6〉とあって、この論理が日本社会に広く浸透したものと思われる。しかし、天皇は、詔書において「他国ノ主権ヲ排シ領土ヲ侵スカ如キハ固ヨリ朕カ志ニアラス」とは言っているものの、他方で旧イギリス領・オランダ領のかなりの地域を「帝国領土」に編入することを決定した現場にも立ち会っていた（御前会議決定である以上、天皇が知らなかったわけがない）。これは、詔書が国民向けにあえて虚構を述べていることを示している。

1943年5月31日の御前会議で決定、「大東亜政略指導大綱」で示された「大東亜共栄圏」の実態

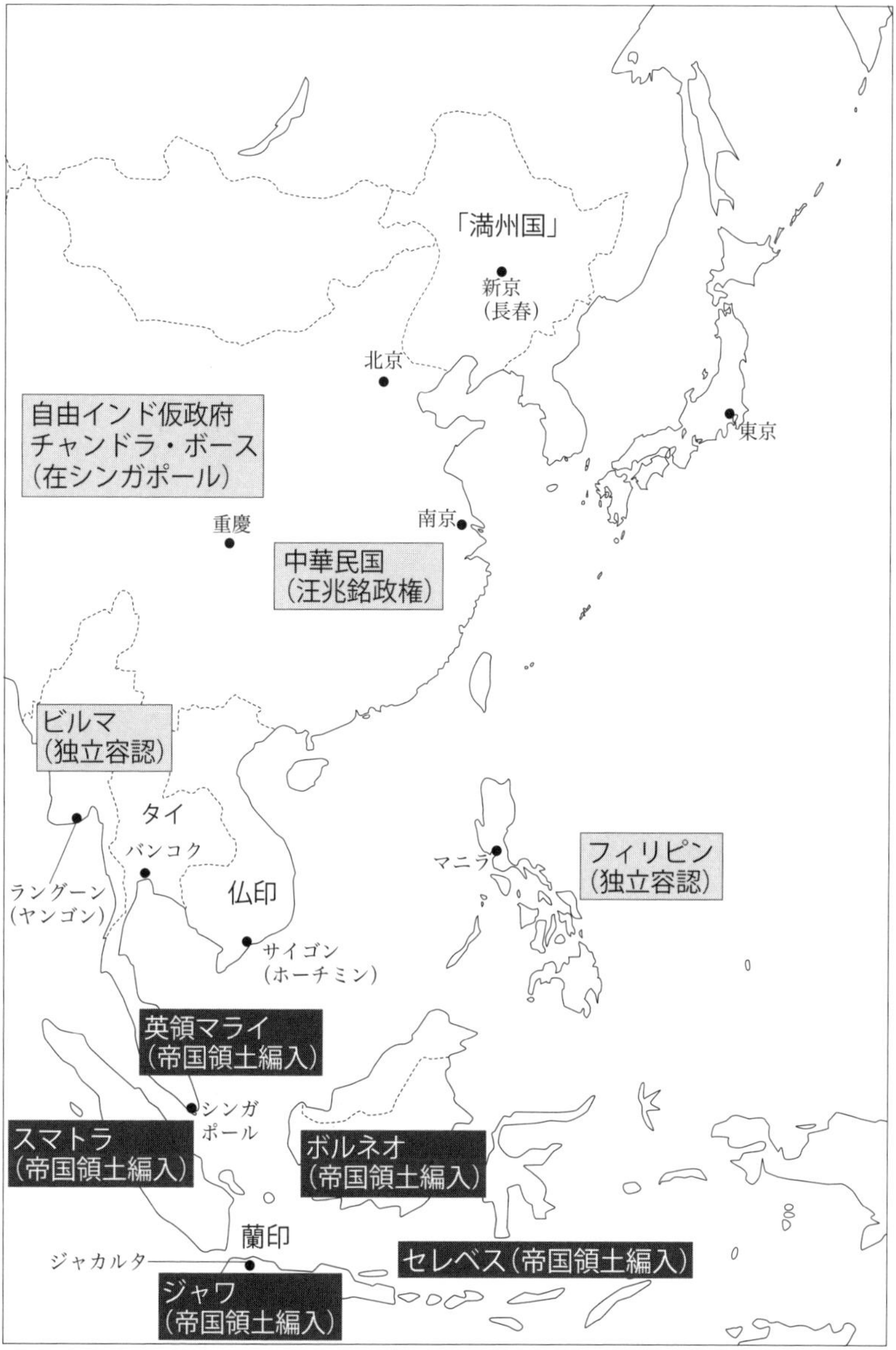

6 「侵略戦争」などと言ったら、「戦没した人は犬死になのか」という論

⑥「侵略戦争」などと言ったら、「戦没した人は犬死になのか」という論については注意を要する。戦争責任をめぐる論議の際、戦争責任には、国家責任と個人責任があり、個人責任にも個人権限・権力にともなうレベルの差異が存在するという関係を整理して議論をしないと、今日でもよく聞かれる「侵略戦争などと言ったら、それで死んだ将兵は浮かばれない」といった、いわゆる心情的「犬死に論」は克服できない（心情的「犬死に論」に対しては、絶望的な戦場に遺棄されて餓死・病死したり、むなしく海没していった将兵の死は、「犬死にであった」と断言することで克服するという方法もあると思うが、ここでは戦争責任論の観点のみから論じることにする）。

心情的「犬死に論」は、「国のために戦没した人々を〈侵略戦争〉の責任者に仕立て上げることは許せない」といった心情を出発点としている。そのため「犬死に論」は、意図

的であれ、無意識にであれ、戦争についての〈国家責任〉と〈個人責任〉を混同し、さらに〈個人責任〉のレベル差を無視して、〈戦争責任〉をすべてもっとも権限の小さい最前線将兵の〈個人責任〉に還元してしまうことから生じている。これは、心情的「犬死に」論者（侵略戦争であったことを否定する論者）の多くが、おそらく、敗戦後の〈戦犯裁判〉、とりわけＢＣ級〈戦犯裁判〉のイメージですべての〈戦争責任〉論をとらえていることからきているためであろう。また、国家が決定・遂行した戦争という行為と、それに参加した個人の行為を一体視する、戦前型の国家観念（個人が国家を相対化する視点をもたない状態）をひきずっている結果であるともいえる。

戦場における戦時国際法違反・軍刑法違反などの一定部分は〈個人責任〉に帰せられるものであるが、個人は自由意思で戦争に参加したわけでなく、国家意思として遂行された戦争、軍の組織的行動である作戦の責任をすべて最前線の将兵の〈個人責任〉に押しつけることは、結果的に〈国家責任〉を隠蔽することになる。「犬死に論」は、一見すると戦没した将兵の心情を思う議論のように見え、発言する当事者もたしかにそのような意図をもっていることが多いと思われるが、現実には、〈戦争責任〉の追及が〈国家責任〉に及ばないようにする働きを果たしている。

また、戦争責任の観点でなく、心情論のレベルで述べるとすれば、戦争で死亡した人々の死を「犬死に」(意味のない死)にするかどうかは、死亡した本人ではなく、むしろ、生き残った人々(あるいは後世の人々)のあり方にかかっている。非常に突き放した言い方をすれば、戦死した将兵は、日本の勝利のために、あるいは戦局の好転を信じて死亡したのであるから、日本が戦争に敗北した時点で、彼らの死は、いったんは無意味なものになってしまった。こうなっては、死亡した本人に自らの死の意味を変えることは不可能である。

死亡した人の死の意味を「犬死に」(意味のない死)のままにするのか、それを意味ある死にするかは、生き残った人や後世の人の行動にかかっている。つまり、戦争で死亡した人々の死を、意味あるものにするのも、無意味なものにしてしまうのも、私たちがどのような社会をつくるかにかかっているのである。もし、私たちが、再び多くの戦死者を出すような事態を招いてしまえば、私たちは戦死者の死を意味のないものにしてしまうのである。

7　昭和の戦争は悪かったかもしれないが、明治の戦争は良かったという論

⑦「昭和の戦争は悪かったが、明治の戦争は良かった」という論の典型は、「司馬史観」とそれを基礎にしていた初期の「自由主義史観」（新しい歴史教科書をつくる会が標榜した歴史観）である。この論は、膨張主義や侵略といった本質を見ることなく、近代日本の歴史を膨張のやり方が上手かったか下手だったか、という点で評価することになり、欧米列強と協調して、上手く膨張していれば良かったという議論になりかねない議論である。帝国主義のパワーポリティクス、植民地主義に対する批判と反省を根本的に欠いた認識と言わねばならない。

明治の戦争と昭和の戦争を善悪で区別する議論においては、戦争の大前提としての近代日本の膨張主義が無視されている。明治以来の「主権線」と「利益線」の戦略発想、つまり、国境線を守るためにその外側に勢力圏を確保しなければいけない、というのは日清戦

争以前からの国家指導層の共通した考え方である。明治時代の山県有朋の「外交政略論」〈註7〉を挙げるまでもなく、明治以来の国家指導層は「主権線」つまり国境線を守るためには、その外側の「利益線」つまり勢力圏を確保していかなければいけない、次々に外側に膨張していかなければ「主権線」も守れないのだ、という膨張論を展開してきた。この考え方は、大正・昭和と日本の国家指導層あるいは軍部に引き継がれていった。

明治時代には朝鮮が「利益線」だとしていたが、日露戦争後、その「利益線」である朝鮮を併合してしまい、そこが「主権線」になると、今度は「満洲」が「利益線」になる。昭和になって「満洲」を確保すると、今度は「華北分離論」にもとづいて中国華北が新しい「利益線」と設定されていく。このように膨張の論理が、日本の戦争の背景にある。これは国家戦略論としては見逃すことができない問題である。

また、「明治の戦争は良かった」という議論の背景には、明治時代の戦争(日清・日露戦争)は「自衛戦争」だ、あるいは明治時代の戦争は日本の国際的地位を高めた、という認識がある。日清・日露戦争を「自衛のための戦争」とみなすとらえ方は、戦争当時から国家によって主張され、日本社会に広く流布されてきた。アジア太平洋戦争に敗れ、近代日本の膨張政策にたいする批判的検討が進んだ今日でも、両戦争を「日本の国際的地位を向上させた」といった観点から説明する著作も少なくない。

昭和期の軍国主義や戦争に批判的な人でも、日清・日露戦争の勝利が、植民地支配を生み出し、日本の軍事大国化を促進したことについては、意外に見逃していることが多い。それは、「日清・日露戦争を戦わなければ、日本は植民地化されたのでは」とか、「日露戦争はロシアの南下政策のためにおきた自衛戦争では」といった歴史認識が、いまだに多くの人をとらえているからである。本当に、日清・日露戦争は、やむをえない戦争、あるいは「自衛戦争」だったのだろうか。また、日清・日露戦争は日本をどう変えたのであろうか。戦争の原因と経過、それがもたらしたものを見ることで、あらためて考えてみることにしよう。

日清戦争（一八九四年七月〜九五年五月）の主たる原因は、朝鮮にたいする支配権の確保をめぐる日清両国の対立にある（副次的な原因としては、琉球の帰属問題、日本が清国との対等条約を廃棄して不平等条約へと改定しようとしたことなどがある）。少なくとも、清国が日本まで侵攻しようとして起こった、日本にとっての「自衛戦争」ではない。

一八七五年の江華島事件〈註8〉以来、日本は、朝鮮への影響力を強めていったが、八二年の壬午《じんご》軍乱（反日派クーデター）以後、清国の影響力が回復した。日本政府は、同年から朝鮮への介入を強化するには、軍事力の増強が必要であるとして、八五年までに陸軍力を二倍に、九〇年までに海軍力を四倍にするという大規模な軍備拡張に乗り出す。八六年、陸軍は鎮台制を廃止して師団制を導入、以後、フランス式からドイツ式へと兵制転換を図り、さらに八九年には戦時動員力の拡充をねらって徴兵令を改正して兵役免除規定を大幅に削減するなど、大陸での戦争にそなえた軍事力の再編強化を進めていく。日本は、朝鮮半島から清国の影響力を駆逐するために、一〇年以上の戦争準備の末に、日清戦争に踏みきったのである。

日清戦争は、一八九四年七月二三日、日本軍が朝鮮王宮を占領し〈註9〉、二五日に清国軍と海・陸で衝突したことによって始まった（宣戦布告は八月一日）。開戦前に大本営を設置して周到な準備を整えていた日本軍は、九月の平壌と黄海での戦闘に勝利をおさめた。緒戦の勝利により大本営は、当初の戦争目的（朝鮮から清国の影響力を駆逐する）を変更して、陸軍は、一〇月には鴨緑江を渡河し、遼東半島にも上陸して清国領土の占領を始めたのである。日本軍の清国本土への侵攻という事態に、権益を侵されることをおそれた欧米列強は一斉に干渉を始め、朝鮮では日本軍支配にたいする農民の武装闘争（東学農民蜂起

〈註10〉の拡大もあり、九五年四月一七日、日本は清国と講和条約を結んだ。

戦争の勝利によって、日本は、清国から台湾・澎湖諸島・遼東半島（のち返還）を獲得するとともに朝鮮から清国の影響力を一掃し、植民地領有国家となった。しかし、朝鮮半島からの清国勢力の後退は、日本をロシアに直接に対峙させる結果となった。つまり、膨張主義政策にもとづく日清戦争の結果、日本は、朝鮮と南部「満洲」をめぐってロシアと直接に衝突するようになり、今度は日露戦争を引き起こすことになったのである。したがって、日清戦争と日露戦争は、連続したものととらえることができる。

日露戦争（一九〇四年二月〜〇五年九月）の最大の原因は、朝鮮支配と南部「満洲」への影響力拡大をめざす日本と、「満洲」の独占的支配と朝鮮への進出をめざすロシアとの衝突、すなわち日本・ロシア両国の膨張政策にある。日本の国家指導者たちは、ロシアが「満洲」まで南下してくれば、朝鮮が危うくなり、朝鮮が危うくなれば、日本もロシアに侵されれる、という過剰な危機感をもち、先手を打って、朝鮮へ、さらに南部「満洲」に勢力を拡大しようとした。これは、純粋な「自衛」戦略ではなく、自らが膨張戦略をとっているがゆえの危機感だった。イギリスやアメリカは、日本を使ってロシアの膨張を抑えようとした。また、日英同盟（一九〇二年）が存在しなければ、とうてい日本は戦争に踏み切れなかったのであるから、世界的なイギリス・ロシアの対立激化が日露戦争を生み出したものともいえる。

日露戦争は、一九〇四年二月八日、日本の連合艦隊による旅順港でのロシア艦隊への先制奇襲攻撃により始まった（宣戦布告は二月一〇日）。日本軍は、地上戦闘では苦戦を重ねつつも戦力を北上させ、また膨大な犠牲を払いながら一九〇五年一月、旅順を陥落させた。三月の奉天会戦により、日本陸軍はロシア陸軍をさらに後退させたが、日本の戦闘力・動員力はともに限界に達し、政府も講和を模索し始める。

日本は、イギリスやアメリカの金融資本に日本国債（外債）を買ってもらい、かろうじて戦費を調達できた。日本は、戦費一八億円のうち四〇パーセントを外債によってまかない、イギリスやドイツから兵器や弾薬を大急ぎで購入して、ようやく戦争ができたのである。

戦争の長期化により、ロシアの南下と日本の北進をともに警戒したイギリス・アメリカ・フランスは、それぞれの戦略的思惑から講和の勧告・斡旋に乗り出した。そして、ヨーロッパから回航されたロシア艦隊が五月の日本海海戦によって壊滅すると、ロシアを支持してきたドイツも日本のさらなる膨張を恐れて講和論に転じる。列強の講和勧告・圧力のもとに、国内での革命運動の高揚を懸念したロシアと国力・戦力ともに限界に達した日本は、九月五日に講和条約を締結せざるをえなかった。

日露戦争の結果、日本は樺太（サハリン）南半分を領土にするとともに朝鮮への支配権を確固たるものにし（一九一〇年に併合）、さらに関東州（大連・旅順などがある遼東半島南端部）と南満州鉄道（満鉄）を拠点として南部「満洲」への影響力を拡大させていく。以後、「満洲」への勢力拡大が国家戦略の基本線となり、日本は大陸政策にますます深入りしていくのである。

日清・日露戦争の準備と遂行の過程で日本は急速に軍事大国化し、世界の権力政治の舞台に登場した。一方、日清戦争で敗北し、遼東半島などの割譲に同意したことにより、清国への欧米列強の侵略には拍車がかかり、各国とも勢力圏の拡大にしのぎを削るようになる。日清戦争は、欧米列強の本格的な中国侵略の呼び水となり、列強衝突の新たな火種を作ったといえる。とりわけ、軍事的弱体を露呈した清国の「満洲」にたいするロシアの進出は、義和団蜂起（一九〇〇年）を契機にいっそう露骨になり、南アフリカのボーア戦争における消耗で極東に軍事力を展開する余裕のないイギリスの危機感をつのらせる結果となった。その結果、イギリスは、日本を後押ししてロシアと対決させることとなったのである。

世界的な軍拡ゲームは、日露戦争を経ることによって、それまでのイギリス×ロシアからイギリス×ドイツを新たな対抗軸にしてさらにエスカレートした。日露戦争によりロシアの軍事力とりわけ海軍力は大打撃を受け、内政の混乱もあり、ロシアはイギリスに対抗する第一勢力としての力を失ない、極東・中央アジアでのイギリス・ロシアの勢力圏分割は一応の決着を見た。その意味で、日露戦争は世界の権力政治の力関係を変更させ、新たな衝突の危機を表面化させたといえる。日清・日露の戦間期も従来にない世界的軍拡期であったが、日露戦後は、それをさらに上回る軍拡期となった。列強の覇権主義と軍備拡張は、日露戦争によって先のばしにされたヨーロッパを舞台とする世界戦争（第一次世界大戦）をわずか一〇年後に現実のものとしたのである。

日清・日露の二つの対外戦争を経ることによって日本の政治もイデオロギー状況も大きく変化した。その変化のうち最たるものが、公教育を通じての大国主義イデオロギーの社会的浸透と政界における軍部の地位上昇である。日清・日露戦争は、近代日本が、軍事大国へとつきすすむ決定的転換点となった。

日清・日露戦争は、ロシアの南下に対する過剰な危機意識をもった日本の国家指導層が、朝鮮半島へ、さらには南部「満洲」へと勢力圏を膨張させようとして起こった戦争である。これは、けっして単なる「自衛戦争」ではなく、明らかな対外膨張戦略が生み出した戦争であり、そういった戦略に拍車をかけた戦争だったといえる。それゆえ、勝利したとはいえ、日清・日露戦争は、その後の日本の膨張・戦争の伏線となったものであって、無条件で「明治の戦争は良かった」と礼賛することは慎まなければならない〈註11〉。

8 「現在の価値観で過去を見るな」という論

⑧「現在の価値観で過去を見るな」という意見は、日本のおこなった膨張・戦争・侵略を「当時はあたりまえのことだった」という言い方で水に流してしまおうという議論の時によく使われる。たとえば、「慰安婦」などは、公娼制度が存在した当時の価値観からすれば悪いことでもなんでもない、という意見である。この考え方によれば、歴史はその当時の価値観にもとづいて描かなければならない、ということになる。つまり、アジア太平洋戦争を描くなら一九四〇年代の日本の価値観にもとづいて描く、明治維新は明治維新の考え方で見る、縄文時代は縄文時代人になりきって描くということになる。

しかし、これは実際には不可能なことである。歴史家がその時代の価値観を知ることは必要なことであるが、その時代の人間になりきるなどということはそもそもできないことなのだ。叙述される歴史というものは、常に歴史家が生きているその時代の価値観にもとづいて書き換えられていくものである。「歴史的に見る」とは、対象とする時代の価値観で見るということではなく、対象とする時代に生きていた人々の眼には何がどのように映っていたのかを探るのと同時に、その人々には何が見えていなかったのかを知ることなのである。

「現在の価値観で過去を見るな」という論は、過去に起こったことは過去においてはどうしようもなかったのだ、という議論につながり、結局、歴史というものから何も学ばないということに他ならないのである。

9　戦前・戦中の出来事は「戦後生まれには関係ない」という論

⑨「戦後生まれには関係ない」という論は、時折、「戦争非体験第二世代」（完全非体験世代＝親にも戦争体験なし）の中にみられるものである。そもそも、戦後生まれの「戦争非体験世代」にも〈戦争責任〉があるという議論には、当然のことながら反発もあることは理解できる。なぜなら、自分が生まれる前の責任をとりようがないことに、また、自分の選択として日本という国家で生をうけたわけではないのに、責任を負うということは確かに理不尽なことのようにも思われるからである。

しかし、私たちが、先祖・先人の多くの文化的・経済的遺産の恩恵の上に生きているように、逆に先人が清算していない負の遺産があるのならば、私たちがその清算に参加する必要がある。私たちは先人のさまざまなレベルの正と負の蓄積の上に生きているのであり、それらから自分を完全に断ち切って生きていくことはできないのである。

また、〈国家責任〉ということを重点にして〈戦争責任〉をとらえるならば、私たち「戦争非体験世代」も、日本という国家の構成員である以上、対外的には〈戦争責任〉の一端を負っていると言わざるを得ないのである。

もっとも、「戦争非体験世代」の〈戦争責任〉の負い方とは、必ずしもただ謝罪するということではない。訳もわからず、先人の負の遺産の清算を押しつけられたのでは、納得がいかないことは確かだ。「私は知らないことだが、先人が犯したことだからとにかく謝っておきます」という姿勢を「戦争非体験世代」に強いることは、むしろ非体験世代のフラストレーションを高めるだけである。

「戦争非体験世代」にとって、先人の負の遺産の清算という観点からすれば、〈戦争責任〉を負うということと〈戦争責任〉を追及するということは、重なり合うことだ。この場合の〈戦争責任〉の追及とは、〈国家責任〉の解明を重点とし、どのような歴史状況のなかで、どのような国家の判断・行動が、どのような結果をもたらしたのかを実証的に検証し、その因果関係や責任の所在を明らかにし、国民の共通認識として定着させる、ということである。

つまり、「戦争非体験世代」は、〈戦争責任〉追及に主体的に参加することを通じて、その責任の所在をみずから確認し、はじめて〈戦争責任〉を負うという責務を果たすことができる。そして、先人の負の遺産を清算することは、けっして、ペナルティーとしての非生産的な作業ではなく、私たちにとって新しい社会・国際関係を作るための作業の不可欠の一環なのである。戦争体験世代が、できなかった戦争の後始末を、私たちが現代に即した形でおこなうことは、私たちにとって未来を切り開く作業になるのであって、それを先人から押しつけられた理不尽なものととらえる必要はないのである。

「克服されていない戦争観」として、歴史修正主義のもとになるような様々な価値観・認識についてパターン別に批判を加えてきた。

もちろんここで取り上げられなかった、さらに個別具体的かつ重要な問題もいくつもある。「南京大虐殺」や「慰安婦」の問題はその代表的なものであろう。そうした問題については、本書の第I章とそれぞれの分野の専門家の著作を参照していただくことにして、ここでは、戦争認識の枠組みに関することだけにとどめておくことにした。

【註】

1　防衛庁防衛研修所戦史室・戦史叢書20『大本営陸軍部〈1〉』（朝雲新聞社、一九六八年）六四八〜六四九頁および拙編著『外交資料・近代日本の膨張と侵略』（新日本出版社、一九九七年）三五五〜三五六頁所収。

2　角田順ほか編『太平洋戦争への道』別巻資料編（朝日新聞社、一九六三年）三二〇頁および前掲『外交資料・近代日本の膨張と侵略』三一五頁。

3　松岡外相が推進するこの四国ブロック論にもとづいて、日本は、実際に一九四一年四月には日ソ中立条約を締結し、本気で三国同盟側にソ連を引き込もうとした。

4　「対独伊『ソ』交渉案要綱」（一九四一年二月三日、大本営政府連絡会議決定）、外務省編『日本外交年表竝主要文書』下（原書房、一九六五年）四八〇〜四八二頁。

5　同前、五八四頁および前掲『外交資料・近代日本の膨張と侵略』三七二〜三七三頁。

6　同前、六三六頁および前掲『外交資料・近代日本の膨張と侵略』三九〇頁。

7　山県有朋総理大臣「外交政略論」（一八九〇年三月）、大山梓編『山県有朋意見書』（原書房、一九六六年）一九六〜二〇〇頁所収。

8　江華島事件の概要については、中塚明「江華島事件はなぜ起きたのか」『現代日本の歴史認識』（高文研、二〇〇七年）所収を参照のこと。

9　日本軍による朝鮮王宮占領については、中塚明『オンデマンド版・歴史の偽造をただす――戦史から消された日本軍の「朝鮮王宮占領」』（高文研、二〇一三年）を参照のこと。

10　東学農民蜂起については、中塚明・井上勝生・朴孟洙『東学農民戦争と日本――もう一つの日清戦争』（高文研、二〇一三年）を参照のこと。

11　近代日本の膨張主義戦略と日露戦争については、拙著『世界史の中の日露戦争』（吉川弘文館、二〇〇九年）および『これだけは知っておきたい日露戦争の真実——日本陸海軍の〈成功〉と〈失敗〉』（高文研、二〇一〇年）を参照のこと。

Ⅳ
現代における〈戦争責任〉とは何か

1 〈戦争責任〉研究の広がりと深まり

戦後もおよそ七〇年が過ぎ、「昭和」もとうに終わってしまった現在、〈戦争責任〉の追及とは、私たちにとっていかなる問題なのか。それは、もはや単に〈過去の過ち〉の糾弾、個々の〈戦争犯罪人〉への攻撃というレベルだけであってはならないはずである。また、今日における〈戦争責任〉の追及とは、過去の〈歴史〉にたいして私たちが一定の〈歴史認識〉を示すことであり、かつ、次世代に〈歴史〉としての戦争を伝承する作業でもある。

近年、〈戦争責任〉の追及、〈戦争責任〉の研究は、市民運動と研究がたがいに触発しあって、著しい進展を見せている〈註1〉。市民運動団体や研究者が着実に公にしてきた定期刊行物・ハンドブック類などの普及により、日本がおこなった侵略戦争と植民地・占領地支配についての私たちの知識とイメージはずいぶん豊かなものになったといえる。

戦争や植民地・占領地支配に関する知識とイメージが豊かになるということは、それらの実態を戦争非体験世代に伝える、とりわけ親・きょうだいを通じての間接的体験を持たない〈完全非体験世代〉（非体験第二世代）に伝えるという点できわめて重要なことである。もはや「あの戦争」「さきの大戦」といった言葉では、具体的なイメージが浮かばない一〇代・二〇代の若者も多いのが現実である。彼らに「あの戦争」は〈侵略戦争〉だったのだ、と概念だけで説明しようとしても、また、たとえ彼らに〈侵略戦争〉だったのだ、と「暗記」してもらっても、ただ、それが活用できない（ストックされているだけの）知識にとどまっている限りは、たいして未来を構想する糧にはならないのである。かえって、具体的な知識とイメージのともなわない、概念＝用語暗記型の歴史観は、〈南京事件まぼろし論〉のような実証的には明らかに成り立たない暴論や本書第Ⅲ章で紹介したような「克服」されるべき議論であっても、なんらかの具体性をともなって提示されると、簡単に足をすくわれる危険性がある。

もちろん、十五年戦争（一九三一年九月一八日〈満州事変〉～一九四五年八月一五日）を〈侵略戦争〉であると総括することは、戦争の実態と研究の成果にてらして疑問の余地がない。だが、〈侵略戦争〉という概念的総括だけで、あるいは抽象的な概念・用語だけで十五年戦争を演繹的に説明するよりも、著作や映像、歴史教育の場において〈侵略戦争〉

の〈侵略〉たる中身を具体的に、イメージ豊かに伝えていかないと、構想力の源泉たる歴史認識は育たない。〈戦争責任〉の追及という問題についても、次世代への〈戦争の伝承〉という観点からすれば、理論的・法的な検討とともに、より具体的な説明の仕方が重要になってくる。

2　今日における〈戦争責任〉の追及とは

〈国家責任〉と〈個人責任〉という二重の性格

そもそも〈戦争責任〉とは、どのように捉えておけばよいのだろうか。すでに『東京裁判ハンドブック』において赤澤史朗氏が整理されているように、〈戦争責任〉とは、①狭義には、戦時国際法上の戦争犯罪にたいする責任であり、②広義には、侵略戦争と軍国主義の支配によって生じた被害に関する責任であり、そこには必ずしも裁判といった司法的処理になじまない政治責任や道義的責任といったものも含まれている〈註2〉。

現在、一般に〈戦争責任〉といった場合、広義の〈戦争責任〉を指しているといってよいであろう。もちろん、捕虜虐待・残虐兵器の使用などの戦時国際法違反としての戦争犯罪の追及は、今なお〈戦争責任〉追及の重要な構成要素である。だが、その戦争犯罪の追及という点にしてみても、今や直接的な責任者の処罰を目的とするものではなくなってきている。したがって、戦争犯罪の追及とはいっても、敗戦直後における〈戦犯裁判〉の延長線上にあるものではない。

また、〈戦争責任〉には、狭義・広義という区分に加えて、〈国家責任〉と〈個人責任〉という二重の性格がある。また、〈個人責任〉も、指導者の責任と命令・動員された者の責任とでは、おのずから責任の重みが異なってくる。〈戦争責任〉における〈国家責任〉と〈個人責任〉、〈個人責任〉における個人権限・権力にともなうレベルの差異、これらの関係を整理しておかないと、「〈侵略戦争〉などと言ったら、それで死んだ将兵は浮かばれない」といった、いわゆる「犬死に論」は克服できない。「犬死に論」は、一見すると戦没した将兵の心情を思う議論のように見え、発言する当事者もたしかにそのような意図をもっていることが多いが、現実には、〈戦争責任〉の追及が〈国家責任〉に及ばないようにする働きを果たしている（くわしくは、本書第Ⅲ章を参照のこと）。

十五年戦争の〈戦争責任〉は大別すれば、第一に、国家意思として戦争を遂行し、国民を戦場にかり出した日本国家にあり、第二に、その国家意思の形成、軍の戦略・作戦の立案に影響力をもった指導者層にあり、そして第三に、膨張・戦争政策を結果的に支えた民衆にも〈戦争責任〉はあるといえる。だが、これは単純に〈戦争責任〉は国家にも、指導者にも、民衆にも一律一様にあるということではない。最高の責任は、国家意思の決定機関としての天皇・政府・軍・官僚組織にあり、指導者個人の責任は、それら決定機関の意思形成に果たした役割の大きさ、権限・権力に比例する。組織動員された側の民衆の中にも、おのずから責任のレベルの差がある。

〈個人責任〉は、〈国家責任〉の重要な構成要素であるが、〈国家責任〉をすべて〈個人責任〉に解消することはできない。戦争は、国家意思の発動としておこなわれ、軍事作戦は機関としての軍の組織的行動であったからである。〈国家責任〉は〈個人責任〉の算術的総和ではなく、〈個人責任〉の積み重ねの末に生じる別格の責任である。したがって、〈個人責任〉の追及がなされるのと並行して〈国家責任〉が追及されることもあり得る。〈個人責任〉が追及されたからといって、〈国家責任〉がなくなるわけではないし、逆に〈国家責任〉が明らかになったからといって、〈個人責任〉が不問に付されるというものではない。〈国家責任〉と〈個人責任〉は、ケースにより軽重の度合いの違いはあるにせよ、二者択一ではなく、二重の関係にある。

とりわけ、被害者への補償をともなうような責任の追及に関しては、国家・軍による意思決定の結果としての被害については――〈個人責任〉に物理的な限界があることからも――国家が基本的に責任を負う必要があろう。また、〈個人責任〉を追及しようにも、国家や軍の意思決定に、責任ある地位にある指導者が重要なはたらきをしていることは確かであっても、責任の所在が明確でない場合も多い。陸海軍に典型的に見られたように、当時の日本の官僚機構においては、意思決定がトップダウン方式でおこなわれることはまれであり、むしろ、官庁における意思決定の実権は、課長級あるいはそれ以下の中堅幹部が握っていたのが常である。

たとえば、陸海軍中央機関の場合、大佐~少佐クラスの幕僚将校が政策・作戦の原案作成にあたり、できあがった案を順次、上司が承認していって、軍の意思が決定される。このような意思決定のあり方が常態化している組織においては、命令系統上の責任に対応した〈個人責任〉の単純な総和が組織の〈戦争責任〉というわけにはいいがたく、組織そのもの（国家）の〈戦争責任〉が問われる必要がある。

戦後処理としての〈戦争責任〉追及

国家意思の発動として戦争と植民地・占領地支配がおこなわれ、その結果として、近隣諸国民と自国民にはかりしれない惨害を与え、民族間にも根深いしこりを植えつけ、生き残った多くの人々の人生をも狂わせてしまった以上、その後始末のひとつとして〈戦争責任〉が問われるのは、当然のことであろう。やや視角をかえれば、狭義にせよ、広義にせよ、〈国家責任〉の面でも、〈個人責任〉の面でも、〈戦争責任〉の追及とは、戦後処理の重要・不可欠な一部分であるということである。つまり、〈戦争責任〉の問題について、国民的コンセンサスが得られなければ、戦後処理は完結せず、いつまでも〈戦後〉は終わらないのだ。

〈戦争責任〉の追及というと、天皇をふくむ政府・軍の指導者個人にたいする「死者に鞭うつ」ような非難・弾劾ということと混同されやすい。これは、「犬死に論」と同様に、BC級〈戦犯裁判〉のイメージで、〈個人責任〉の追及を捉えていることからくる心情的反発である。しかし、今や個人に対する非難・弾劾だけでは何ものをも生み出さないことは明白である。

この点は、すでに拙著『大元帥・昭和天皇』（新日本出版社）の中でも展開したことと重複することになるが、私は、今日における〈戦争責任〉の追及とは、どのような歴史状況のなかで、どのような国家の判断・行動が、どのような結果をもたらしたのかを実証的に検証し、その因果関係や責任の所在を明らかにし、国民の共通認識として定着させることである〈註3〉、と捉えている。こうしたことを私たち日本人自身の手で確実におこなっておくことが、侵略・支配にたいする自覚的反省と、内外にたいする実のある謝罪・補償の前提であり、ふたたび膨張・戦争といった歴史をくり返さないための確かな土台となる、と考えるからである。

それゆえ、どちらかと言うと、〈個人責任〉よりも機関・組織の責任、〈国家責任〉の追及という点を重点にして〈戦争責任〉問題を考えている。もちろん、〈国家責任〉と〈個人責任〉は二重の性格があるので、〈国家責任〉を明らかにする過程で、不可避的に前述の狭義・広義の〈個人責任〉を究明する必要にせまられることもある。また、国家機関の中枢部にいた人物の〈個人責任〉の解明が、〈国家責任〉の分析に不可欠な場合も多い。たとえば、天皇の〈戦争責任〉問題とはまさにその典型であり、天皇制国家の〈国家責任〉の究明には、天皇の役割＝〈個人責任〉はどうしても確定しておかなければならない重要な課題であろう。

天皇を対象として〈戦争責任〉を検討する場合は、国家機関としての天皇が個人としての天皇とは同一であり（他の国家機関とは異なり、すなわち機関としての責任は〈個人責任〉と同一）、なおかつ国家元首として、あるいは陸海軍の最高統帥者として国家意思の形成にかかわってきたという事実に着目せざるを得ない。

以下、天皇を事例として、広義の〈戦争責任〉における〈国家責任〉と〈個人責任〉との関係を考えてみよう。

3　天皇をめぐる〈戦争責任〉論

憲法上の機能からの〈戦争責任〉否定論

天皇は国家元首であり、陸海軍の最高統帥者であるから〈戦争責任〉がある、という〈戦争責任〉肯定論は、もちろん間違いではないが、議論の詰め方として必ずしも十分とは言いがたい。〈戦争責任〉否定論者は、二方面からこの議論を批判してきた。〈戦争責任〉否定論は、大別して、①天皇の憲法上の機能からの否定論（大日本帝国憲法の条文を根拠とする否定論）と、②天皇の「実態」からの否定論（天皇の実質的権限の否定、軍部・政府の天皇無視など）とがある。

ただ、内外の戦争被害にたいする責任という広義〈戦争責任〉の観点からすれば、憲法論からする〈戦争責任〉否定論は、現実には否定論としての機能を果たしていない。なぜなら、天皇の名のもとに遂行された戦争と支配の結果、諸外国・諸国民にあたえた被害の責任を、国内法である大日本帝国憲法の規程を理由に回避することは、対外的には普遍性と説得力を持ち得ないからである。また、戦後処理の一環としての〈戦争責任〉の追及ということからすれば、責任の追及は現代の価値観からおこなわれて当然であって、旧憲法の規程に拘束されるべきではない。

しかし、日本国内においては、この憲法論からの〈戦争責任〉否定論は、いまだに一定の影響力をもっている。これは従来、〈戦争責任〉とは、責任者を法的に裁けるか否か、という点を暗黙の前提にして、〈戦争責任〉論が議論されてきたことと無関係ではないと思われる。それゆえに、天皇に〈戦争責任〉ありとする論者は、大日本帝国憲法の条文において天皇に大権が集中していることを根拠に、また、天皇に〈戦争責任〉なしとする論者も、旧憲法の解釈論から反論してきた。したがって、一定の影響力を保持している以上、旧憲法の規程を根拠とする〈戦争責任〉否定論がその機能を果たし得なくなった今日においても、憲法上の機能からの否定論にたいしても内在的な検討・批判をしておく必要がある。

天皇の憲法上の機能からの〈戦争責任〉否定論には、大日本帝国憲法第三条（天皇神聖条項）を根拠とする〈天皇無答責論〉と、第五五条（国務大臣の輔弼《ほひつ》条項）を根拠とする〈輔弼機関答責論〉とがある。両者は、天皇は責任を負うべき存在ではなく、責任は輔弼者たる内閣が負うという、表裏一体の関係にある。まず、これらの天皇の憲法上の機能からの否定論について検討してみよう。

大日本帝国憲法第三条「天皇は神聖にして侵すへからす」という天皇神聖条項を根拠とする〈天皇無答責論〉は、従来からの政府＝内閣法制局の見解でもある。天皇は神聖であるがゆえに、政治の責任を問われることからも免れている、という主旨の憲法解釈は、大日本帝国憲法の作成にあたった当事者である伊藤博文の『憲法義解』においてもほぼ同様のことが述べられており、今日に至るまで、大日本帝国憲法の解釈としては、きわめて有力なものである。

だが、この憲法解釈は、大日本帝国憲法の条文解釈という以前に、立憲君主制＝君主無答責、という考えが暗黙の前提となっている、ということに留意する必要がある。確かに、ヨーロッパの立憲君主国の憲法には、明確な無答責規程が盛り込まれている。たとえば、一九世紀に制定されたオランダ・ベルギー両国の憲法には、

オランダ王国憲法（一八一五年）第五五条
国王は不可侵とする。大臣が責任を負う。
ベルギー王国憲法（一八三一年）第六三条
国王の一身は不可侵であり、その大臣が責任を負う。〈註4〉

とある。そして、この〈天皇無答責論〉と表裏一体の関係にあるのが、大日本帝国憲法第五五条を根拠にした〈輔弼機関答責論〉である。つまり、第五五条には、

国務各大臣ハ天皇ヲ輔弼シ其ノ責ニ任ス
②凡《すべ》テ法律勅令其ノ他国務ニ関ル詔勅ハ国務大臣ノ副署ヲ要ス

とある。輔弼責任者である総理大臣の副署なくしては天皇は大権を行使できず、政策の結果生じた諸問題については、政府（内閣）が総ての責任を負う、という解釈である。この解釈を拡大すると、天皇は、国家意思の決定としての政策の裁可に際しては、すべて政府の意向に従い、天皇の意思をさしはさむ余地はなく、政策を左右する権限はない、ゆえ

に政策の結果生じた問題についても責任を負う存在にはなり得ない、との論理となる。昭和天皇自身による戦後における弁明も、まさにこの論理である。昭和天皇は、一九四六年二月、藤田尚徳《ひさのり》侍従長に次のように語っている。

この憲法上明記してある国務各大臣の責任の範囲内には、天皇はその意思によって勝手に容喙し干渉し、これを制肘することは許されない。

だから内治にしろ外交にしろ、憲法上の責任者が慎重に審議をつくして、ある方策をたて、これを規定に遵って提出して裁可を請われた場合には、私はそれが意に満ちても、意に満たなくても、よろしいと裁可する以外に執るべき道はない〈註5〉。

大日本帝国憲法第三条の神聖条項にもとづく〈天皇無答責論〉については、すでに岡部牧夫氏が実証的にまとまった批判をしているように、この無答責論は、一種の拡大解釈論であり、そもそも条文において明文化された無答責規定がない、ということは重要である〈註6〉。前述したように、〈天皇無答責論〉は、立憲君主制＝君主無答責、という一般論が前提となっているのである。

しかし、大日本帝国憲法における天皇の地位は、立憲君主とはいうものの、議会との対抗のなかで、権力行使の恣意性を制限されてきた西欧・北欧の立憲君主と同様というよりも、一時代まえの議会がその権限を抑制しようとした絶対君主に近いものであり、実質的な国民主権と両立する可能性を内包している西欧・北欧の立憲君主論を前提とする議論にはそもそも無理がある。

また、大日本帝国憲法第五五条の国務大臣の輔弼条項を根拠とした〈輔弼機関答責論〉も、そもそも戦前日本における統帥権の独立というシステムを無視した議論である。憲法第五五条は、軍事命令発令の責任の所在については全く触れておらず、第一一条（「天皇ハ陸海軍ヲ統帥ス」）の統帥権の発動にともなう責任については、発令者たる天皇にしか帰することができないのである。軍令機関（参謀本部・軍令部）の長は輔弼者ではなく、天皇に直属する幕僚長であり、大元帥・天皇の命令を「伝宣」する権限しかもたなかった〈註7〉。

つまり、天皇の憲法上の機能からの否定論（大日本帝国憲法の条文を根拠とする否定論）は、立憲君主制の理念を前提とし、むしろ大日本帝国憲法が運用されていた政治体制の実態にはそぐわない議論であるといわざるをえない。

天皇の「実態」を根拠とする〈戦争責任〉否定論

天皇の〈戦争責任〉否定論のもうひとつの類型は、「実態」からの〈戦争責任〉否定論（天皇の実質的権限の否定、軍部・政府の天皇無視など）である。つまり、天皇は政策決定や戦争遂行に主体的に関与しなかったとか、天皇は戦況を知らされていなかった、といった類の議論である。

明治憲法体制のもとでの天皇は、法的には絶大な権限・権力を有していた。天皇のもとには、行政・司法・立法・統帥の大権が集中されている。だが、明治憲法体制は法的な権限を天皇のもとにプールしつつ、現実の権力は元勲たちがふるうという〈二重構造〉を特徴としていた。この〈二重構造〉のゆえに、天皇の〈戦争責任〉を否定しようとする論者は、天皇は権力を行使する存在ではなかった、あくまでも天皇の大権は形式的なもので、責任はすべて実際の権力を行使した輔弼者にあると主張してきた。ゆえに、国家元首であり、大元帥であるからといって、実質的な権限行使がともなっていないので、天皇には〈戦争責任〉があるとはいえない、といった議論は、憲法上の機能からする〈戦争責任〉否定論よりも、同時代人の感覚的歴史イメージとかなり合致する点があることから、今なお相当に強力である。

天皇は政治や軍事の実態を知らず（知らされず）、政府や軍部を指導する能力をもたず、現に政策や戦略・作戦に影響を与えることはなかった、という漠然とした〈常識〉は、一般にかなり根付いている。これは歴史学的な学説というよりも、同時代人のイメージに負うところが大きいだけに、その克服は容易なことではない。

それでは、天皇の「実態」からする〈戦争責任〉否定論は、いかなる点が明らかになれば克服することが可能になるのか。もっとも重要なことは、天皇自身が国家意思の形成（政策・戦略の決定、遂行など）に実際にどの程度関与していたのかを明らかにすることである。そして、国家意思形成における関与の程度を具体的に検討するファクターとして、天皇への情報の集中度（量と質）、天皇の情報処理能力（統治者・最高統帥者としての素養・見識）などがあげられよう。

国家意思形成への天皇のかかわり方

天皇が、大日本帝国の元首として、帝国陸海軍の大元帥として国家意思形成にどのようにかかわったのか。とりわけ、天皇の戦争にたいする主体的取り組みを明らかにする研究はすでに相当の蓄積がある。井上清『天皇の戦争責任』（現代評論社、一九七五年、岩波同時代ライブラリーとして一九九一年復刻）や、ねずまさし『天皇と昭和史』（三一新書、一九七六年）を先駆とし、藤原彰・吉田裕・功刀俊洋・伊藤悟『天皇の昭和史』（新日本新書、一九八四年）は広く読まれてきた。

また、昭和天皇の死去直後には、千本秀樹『天皇制の侵略責任と戦後責任』（青木書店、一九九〇年）、佐々木隆爾『現代天皇制の起源と機能』（昭和出版、一九九〇年、絶版）、藤原彰『昭和天皇の十五年戦争』（青木書店、一九九一年）、大江志乃夫『御前会議――昭和天皇十五回の聖断』（中公新書、一九九一年）、吉田裕『昭和天皇の終戦史』（岩波新書、一九九二年）といった、実証的にも、理論的にも優れた著作が続々と刊行され、また、田中伸尚氏の空前の労作『ドキュメント昭和天皇』全八巻（緑風出版、一九八四〜一九九三年）も完結して、歴史学界における昭和天皇・天皇制研究をレベルアップさせるとともに、多くの読者の歴史認識を深めた。

私自身も『昭和天皇の戦争指導』（昭和出版、一九九〇年、絶版）、藤原彰・粟屋憲太郎・吉田裕の三氏との共著『徹底検証・昭和天皇「独白録」』（大月書店、一九九一年）や纐纈厚氏との共著『遅すぎた聖断』（昭和出版、一九九一年、絶版）、そして『大元帥・昭和天皇』を発表する機会を得た。また、安田浩『天皇の政治史——睦仁・嘉仁・裕仁の時代』（青木書店、一九九八年）も今日の天皇研究の水準を示す優れた研究である。

これらの研究の蓄積・進展によって、天皇の「実態」からする〈戦争責任〉否定論は、すくなくとも学説レベルでは、かなり克服されたといってよい。私も拙著『大元帥・昭和天皇』『昭和天皇の軍事思想と戦略』（校倉書房、二〇〇二年）などで実証することに努めてきたが、昭和天皇は、国家意思形成、とりわけ軍事戦略・作戦の決定に際して、しばしば重大な役割を果たしてきた。昭和天皇は、軍部から量・質ともに当時としては最高レベルの軍事情報を提供されていたし、その情報が意味することを理解し、軍がとるべき手段について独自に検討する知識と能力を有していたことは確かである。国家意思の発動、とりわけ軍の機関意思の発動としての戦略・作戦の決定に天皇は、随所で様々なレベルの影響をあたえた。

昭和天皇は、十五年戦争の期間に、大元帥としての自覚と能力をしだいに高めつつ、軍部が提供する軍事情報とみずからの戦略判断を基礎に、「御下問」（質問）や「御言葉」（意見表明）を通じて国家意思形成（戦争指導・作戦指導）に深くかかわった。天皇は戦略や作戦について、統帥部の方針や具体化の方法を無条件で認めていたわけではない。たとえば、次の事例において大元帥としての昭和天皇の発言は、国家意思、すなわち作戦計画あるいは具体的な作戦内容を左右する影響を与えたといえる。

①関東軍の熱河侵攻作戦の一時差し止め（一九三三年）
②二・二六事件における反乱軍の武力鎮圧方針の決定と鎮圧督促（一九三六年）
③日中戦争初期の兵力増強、戦略爆撃実施方針の決定（一九三七年）
④張鼓峰事件における武力行使の一時差し止め（一九三八年）
⑤昭和一四年度帝国海軍作戦計画の修正要求（一九三九年）
⑥宜昌再確保への作戦転換（一九四〇年）
⑦フィリピン・バターン要塞への早期攻撃の督促（一九四二年）
⑧重慶攻略の方針の決定と取りやめ（同年）
⑨ガダルカナルをめぐる攻防戦における陸軍航空隊進出の督促（同年）
⑩ガダルカナル撤退後におけるニューギニアでの新たな攻勢の要求（一九四二〜四三年）
⑪中部ソロモン放棄論への批判（一九四三年）
⑫アッツ島「玉砕」後における海上決戦の度重なる要求と海軍の消極的姿勢への厳し

い叱責（同年）
⑬陸軍のニューギニアでの航空戦を慫慂（同年）
⑭絶対国防圏設定後の攻勢防御の要求（ブラウン環礁奇襲後の軍令部の指示など、一九四三〜四四年）
⑮サイパン奪回計画立案の要求（一九四四年）
⑯沖縄戦における攻勢作戦の要求（一九四五年）
⑰朝鮮軍の関東軍への編入拒否（同年）〈註8〉

これらの事例のうち、天皇の発言が決定的な影響力をもって軍部の既定方針を転換させたといえるのは⑤⑨である。これらは天皇の発言がなければ、事態の変化は全くなかったと言ってよい。

天皇の意思が一時的に貫徹された例が①④⑮である。このうち①④は現地軍の新たな軍事行動によって結局は天皇の意思は貫徹しなかったかに見えるが、いずれも天皇は作戦部隊の行動を追認している。

また、天皇の発言が、軍部内の同意見を勇気づけ、軍の意思統一をうながした例といえるのは②③⑥⑦⑧⑩⑪⑬⑭⑯⑰であろう。

⑫の例は、天皇の要求に応えられない軍部に方針の転換（絶対国防圏設定による持久戦戦略の採用）をうながしたものと位置づけることができる。

これらの事例については、拙著『大元帥・昭和天皇』などにおいて紹介し、分析を試みているが、ここでも二つの例についてあらためて説明しておこう。

まず、天皇の発言によって作戦が大きく変更された事例のうち、典型的な事例が⑨のガダルカナル島攻防戦に際しての陸軍航空隊派遣についてである。米軍がガダルカナル島に上陸を始めるのは、一九四二年八月七日であるが、その前日の八月六日、東部ニューギニア方面の作戦について上奏した杉山参謀総長にたいし、天皇は、

ニューギニア方面の陸上作戦において、海軍航空では十分な協力の実を挙げることができないのではないか。陸軍航空を出す必要はないか〈註9〉

と下問している。参謀総長は、陸軍航空を出す考えはない旨を答えた。陸軍が東部ニューギニアやソロモン諸島方面に航空隊を出せないのは、陸軍の航空隊は洋上飛行の訓

練が十分ではないので、ラバウルからの長距離の渡洋作戦はできればやりたくなかったからである。また、この時期に陸軍は、南方から航空部隊を引き揚げて、重慶攻略作戦（五月に天皇に督促された⑧の事例）を開始しようとしていたこともある。だが、八月七日に米軍がガダルカナル島に上陸し、激しい攻防戦が始まっても、陸軍航空隊がいっこうにラバウル方面に進出しないのを見て、九月一五日、戦況上奏の際に天皇は、陸軍航空隊の同方面進出、海軍航空隊支援の必要性について再度下問した。参謀総長は、種々研究中であるが、早急に派遣することができない実情である旨を回答してその場を取りつくろったが、「再度の御下問は、陸軍統帥部にとって衝撃であった」〈註10〉という。

その後、ガダルカナル島の戦況は、兵力の逐次投入と補給困難からたいへんな苦境に陥ったが、それでも陸軍は航空隊を進出させようとはしなかった。そのため業を煮やした天皇は、一一月五日、三度目、「海軍機の陸戦協力はうまくいくのか、陸軍航空を出せないのか」〈註11〉と参謀総長に下問した。陸軍統帥部とりわけ杉山総長ら首脳部にとって、さすがに天皇の三度にわたる下問は、天皇の強い要求であり、これ以上、放置しておくことはできなかった。統帥部首脳は、翌一一月六日、東部ニューギニアとラバウル方面へ陸軍航空部隊の派遣を決定し、さっそく上奏した。作戦を立案する参謀本部作戦課では、航空作戦の責任者である航空班長・久門有文中佐が派遣反対論の中心であったが、陸軍航空隊の派遣は、天皇から下問を受けて「恐懼」した陸軍統帥部首脳が、これら中堅幕僚層の反対を押し切って決定したのである〈註12〉。

これは、天皇が作戦を変えさせた典型的な事例と考えられる。なお、陸軍が計画していた⑧重慶攻略作戦も、九月三日の天皇による「米軍増加の現情勢において南方から兵を抽いてよいか」〈註13〉との一言で立ち消えとなった。

次に、天皇の発言が、軍部内の同意見を勇気づけ、軍の意思統一をうながした例として⑪の天皇による中部ソロモン放棄論批判を見てみよう。ガ島撤退が決定された後、一九四三年一月四日に「陸海軍中央協定」が結ばれた。そこでは、ガ島放棄後のソロモン諸島については、北部ソロモン諸島は陸軍が防衛を担当し、さらにその南東にあるニュージョージア島・サンタイサベル島などガダルカナル島に近い中部ソロモン諸島は海軍が防衛することになっていた。陸軍と海軍が防衛地域を南北に分割したのは、補給の関係からなるべくラバウルの近くに防衛線を設定したい陸軍の「中部ソロモン放棄論」と、連合艦隊の最大の根拠地であるトラック環礁を確保し、艦隊決戦をおこなう必要性から、なるべくラバウルから離れた遠方に防衛線を敷きたい海軍の「中部ソロモン確保論」の両者が調整できなかったからである。その矛盾はすぐにあらわれた。一月二六日、侍従武官・城英一郎（大佐）は次のように記している。

昨日〔永野軍令部〕総長拝謁御下問奉答の際「ムンダ」基地は情況により、「退りても差支えなき意見もあり」と御聴取になり、「ニュージョージャ」「イサベル」の線より退る如きことあらばと御軫念あり、武官長に確めよとの御命あり〈註14〉。

永野軍令部総長は、ニュージョージア島ムンダ基地は撤退してもよいという意見もあると言ったが、それでは「協定」に明記されたニュージョージア島―サンタイサベル島の線から撤退することになるので、はたして大丈夫か、と天皇が憂慮の念を表明した、というのである。これは天皇がけっして総長の上奏を聞き放しにしていないということであり、「ムンダから退くな」という天皇の作戦に対する明確な意思表示でもあった。

この時、永野が「退りても差支えなき意見もあり」といったのは、陸海統帥部にくすぶる「中部ソロモン放棄論」のことを指したものである。統帥部の中でもとりわけ陸軍は、輸送が確保できない限りムンダ（ニュージョージア島）をはじめ中部ソロモン諸島は、ガダルカナル島の二の舞になると考えていた。ムンダは重荷にならないうちに、できれば放棄したいというのが陸軍の本音であった。また、海軍でも主として消耗の激しい航空関係から戦線縮小論が出ており、一月二〇日に着任した新任作戦課長・山本親雄大佐も縮小論者、すなわち「中部ソロモン放棄論」者であった〈註15〉。しかし、連合艦隊司令部はラバウル防衛にはムンダは不可欠であるとしてニュージョージア・サンタイサベルなど「中部ソロモン確保論」を強く主張し、軍令部の大勢も「確保論」にあった。

永野軍令部総長は、陸海軍中央の作戦方針の対立、中央と出先の意見の対立を婉曲的な表現で天皇に述べ、ややもすると中部ソロモンから兵力を後退させようとする陸軍中央を牽制し、あわせて海軍内部の縮小論を抑えようとしたものと考えられる。そして、天皇は、「中央協定」遵守の立場から、ニュージョージア・イサベルの線から下がるなと発言した。天皇の発言は陸軍にとっては厳しい足かせとなった。事実、以後四三年七月頃まで、陸軍中央も「中部ソロモン放棄論」を言いだせなかったのである。

いくつかの事例に踏み込んで説明してみたが、このように様々な場面において、昭和天皇が国家意思の形成に具体的な影響を与えていたことは確かである。すなわち、天皇は広義〈戦争責任〉における〈個人責任〉を負いつつ、〈国家責任〉の成立に重大な役割を果たしたといえる。また、二・二六事件や一九四五年八月九〜一〇日・一四日の御前会議（いわゆる「終戦の聖断」）などの事例に見られるように、通常の国家意思決定システムが不完全にしか機能しない時に、天皇という機関が国家意思の最終決定システムとしての役割を果たした。これは、明治憲法体制のもとで、天皇という機関こそが、最終・最強の危機管理システムであったことも示している。

すでに、天皇の「実態」からする〈戦争責任〉否定論の破綻は明らかであると思われるが、天皇の〈個人責任〉とは、機関としての天皇と個人としての天皇が同一人格のなかで一体化しているため、それは複合的な内容をもっている。つまり、天皇の〈戦争責任〉＝〈個人責任〉とは、

①　国務と統帥（軍事）を統轄できるただ一人の責任者としての責任
②　唯一の大本営命令（軍事命令）の発令者としての責任
③　統帥権の実際の行使者としての責任（統帥部を激励あるいは叱責して、積極的に作戦の実行を要求したり、「御下問」「御言葉」を通して作戦を督促して、現実の作戦指導・戦争

指導をおこなったことにともなう責任）

などから構成される。そして、天皇の〈戦争責任〉＝〈個人責任〉は、まさに国家の〈戦争責任〉＝〈国家責任〉を明らかにする上で、不可欠の構成要素である。つまり、天皇の〈戦争責任〉をあいまいにすることは、国家の〈戦争責任〉をうやむやにすることに直接つながるのである。

4　歴史修正主義を克服するための戦後世代の〈戦争責任〉論

私たちは、戦後補償の前提としての戦争責任の追及を戦争の後始末の一つとして、戦後処理の重要・不可欠な一部分としてとらえることが必要である。そして、戦争責任の追及という作業が、けっして「後ろ向き」の取り組み、何も生み出さない穴埋め的な仕事であると考えるのではなく、未来の社会をつくるために必要不可欠な「投資」であると位置づけるべきである。

日本という国が、諸外国とりわけ近隣・東南アジア諸国との友好的な関係を再構築するためには、対外関係は、相手があることでもあり、理念を示すだけでは動かないことは確かである。そのためにも、戦争責任と戦後補償の問題を解決し、諸国・諸民族との間のわだかまりを可能な限り解消しておかなければならない。ただ、諸国民・諸民族との間に友好関係を樹立すると言っても、日本が過去の歴史に責任をとらない国である以上、日本の未来も信頼してもらえないことは確かである。その意味で、今日における戦争責任の追及とは、「経済力」だけでない日本をつくっていくための基礎的なとりくみといえる。

今日における戦争責任の追及とは、どのような歴史状況のなかで、どのような国家・組織の判断・行動が、どのような結果をもたらしたのかを実証的に検証し、その因果関係や責任の所在を明らかにし、国民の共通認識として定着させることが基本である。この共通認識として定着させる、という点がきわめて重要で、こうしたことを私たち自身の手で確実におこなっておくことが、ふたたび膨張・戦争といった歴史をくり返さないための確かな土台となるからである。

したがって、今日における戦争責任の追及とは、私たちが、あらためて戦争責任、とりわけ国家の戦争責任という問題に直接向かいあって、その責任の所在を理解・納得するところから始まる。国民の多数が主体的に歴史過程を吟味し、歴史認識を共有するに至るということは簡単なことではない。誰かが「あるべき歴史認識」を提示し、他の人々はそれを「暗記」すればよいという問題ではなく、多くの個々人が、主体的・能動的に国家の責任について認識するに至ることが重要なのである。

また、戦後生まれの戦争非体験世代にも「戦争責任」があるという議論には、当然のことなから反発もあると思う。自分が生まれる前の責任をとりようがないことに、また、自分の選択として日本という国家で生をうけたわけではないのに、責任を負うということは確かに理不尽なことだ。

しかし、私たちが、先祖・先人の多くの文化的・経済的遺産の恩恵の上に生きているように、逆に先人が清算していない〈負の遺産〉〈ボタンの掛け違い〉があるのならば、私たちがその清算に参加する必要があるし、そうしなければ、厄介なことに、未来を構築する障害にもなってしまう。私たちは先人のさまざまなレベルの正と負の遺産の蓄積の上に生きているのであって、それらから自分を完全に断ち切って生きていくことはできない。

ただ、非体験世代の戦争責任の負い方とは、必ずしも自分が日本という国に生まれたから、日本人であるから、とにかく「謝罪する」ということではない。訳もわからず、先人の〈負の遺産〉の清算を押しつけられたのでは、納得がいかないことは確かで、非体験世代に「自分が知らないことでも、先人が犯したことだからとにかく謝るべきだ」という姿勢を強いることは、むしろ非体験世代の「なぜ自分たちがそんなことをしなければならないのだ」というフラストレーションを高めるだけで、彼らを歴史修正主義的なものへと逃避させてしまう恐れがある。

非体験世代にとって、先人の〈負の遺産〉の清算という観点からすれば、実は、戦争責任を受け止めるということと戦争責任を追及するということは、重なり合うことである。この場合の戦争責任の追及とは、前述したように国家責任の解明を重点としたもので、非体験世代は、戦争責任を追及することに主体的に参加することを通じて、その責任の所在をみずから確認し、はじめて戦争責任を受け止めるという責務を果たすことができる。

現代における戦争責任の追及とは、歴史として戦争や植民地支配をどう見るかという問題であり、究極的には日本国民における歴史認識の定着の問題にほかならない。この歴史認識の定着という作業に、戦争非体験世代も主体的にかかわることが、戦後補償等の前提になるだけでなく、今後、日本人がアジア諸民族とより友好的な国際関係を作り上げていく上できわめて重要になってくるものだと思う。

【註】

1　アジア諸地域における日本軍の侵略行為の告発をねばり強くおこなってきた「アジア・太平洋地域の戦争犠牲者に思いを馳せ、心に刻む集会」実行委員会が編集している『アジアの声』（東方出版、一九八八年創刊）、日本の〈戦争責任〉研究センター編『〈戦争責任〉研究』（同センター、一九九三年九月創刊、季刊）やアジアに対する日本の戦争責任を問う民衆法廷準備会編『戦争責任』（樹花舎、一九九三年一二月創刊、年二回刊）などの〈戦争責任〉専門誌も刊行されるまでになり、〈戦争責任〉論、個別の戦争犯罪の研究は日々広がりと深まりを増している。

また、市民運動の広がりと研究者・ジャーナリストの活動の成果をふまえて、日本の植民地支配・侵略戦争、戦後補償問題の全貌をつかむ上で便利な著作が相次いで出版されている。〈ハンドブック戦後補償〉編集委員会編『ハンドブック戦後補償』（梨の木舎、一九九二年、増補版一九九四年）、日本弁護士連合会編『日本の戦後補償』（明石書店、一九九四年）、小田部雄次・林博史・山田朗『キーワード・日本の戦争犯罪』（雄山閣、一九九五年）などのハンドブック類がそれである。これらの著作と東京裁判ハンドブック編集委員会編『東京裁判ハンドブック』（青木書店、一九八九年）、アジア民衆法廷準備会編『写真図説・日本の侵略』（大月書店、一九九二年）、歴史教育者協議会編『アジア太平洋戦争ハンドブック』（青木書店、二〇〇五年）、山田朗編『歴史認識問題の原点・東京裁判』（学習の友社、二〇〇八年）などを併用すれば、〈侵略戦争〉〈戦争犯罪〉〈戦争責任〉〈戦後補償〉といった問題については、現在における運動と研究の到達点をほぼ把握することができる。

2　赤澤史朗「戦争責任とはなにか」、前掲『東京裁判ハンドブック』一五二頁。
3　拙著『大元帥・昭和天皇』（新日本出版社、一九九四年）九頁。
4　宮沢俊義編『世界憲法集』（岩波文庫）。
5　藤田尚徳『侍従長の回想』（中公文庫、一九八七年、原著は一九六〇年刊行）二〇六頁。
6　岡部牧夫「明治憲法と昭和天皇」（『歴史評論』第四七四号、一九八九年一〇月号）。
7　前掲拙著、七五頁。

8　本稿においては、事例の内容について紹介・分析することは目的としていないので、それらについては、前掲拙著を参照されたい。
9　防衛庁防衛研修所戦史室・戦史叢書63『大本営陸軍部（5）』（朝雲新聞社、一九七三年）三五〇頁。
10　同前、三五一頁。
11　同前、三五三頁。
12　井本熊男『作戦日誌で綴る大東亜戦争』（芙蓉書房、一九七九年）二二六〜二二七頁。
13　防衛庁防衛研修所戦史室・戦史叢書59『大本営陸軍部（4）』（朝雲新聞社、一九七二年）五七一頁。
14　野村実編『侍従武官・城英一郎日記』（山川出版社、一九八二年）二三五頁。
15　山本親雄『大本営海軍部』（朝日ソノラマ文庫、一九八二年）一二二頁。

おわりに

私は、二〇〇一年一二月に高文研から『歴史修正主義の克服――ゆがめられた〈戦争論〉を問う』を出版していただいた。この本は、「新しい歴史教科書をつくる会」と小林よしのり氏の『戦争論』に対する歴史学の立場からの反論という性格の強いもので、当時の時代状況にはそれなりに対応したものであった。

だが、その後、「つくる会」は分裂しながらも、その教科書は、次第に採択されるようになり、それと同時に「つくる会」が「自虐史観」であると非難した歴史教科書がシェアを低下させるということが起こった。これらの出来事は、教科書採択に自治体の首長や教育委員会が政治的に介入して起こったことではあるが、社会的に歴史修正主義がより浸透したが故のことでもあった。

また、二〇〇六年に教育基本法が改変され、二〇一二年に自民党政権が復活すると、改憲・国防軍創設とセットになって「国に対して誇りをもつ」ための「教育再生」が推進されるようになった。政界・ネット世界には歴史修正主義的な論調が蔓延し、彼らが「自虐的」と断じるような、まさに国家・国家主義を批判しているとみなされるもの、「日本人としての誇りを傷つける」とみなされるものを教育現場から排除しようとする動きが強まっている。

だが、それらの主張しているところは、歴史を直視せず、「日本人としての誇りを傷つける」とみなされるものをなかったことにして、日本国家がおこなった政策の成功したと見える部分だけを自画自賛し、それをもって「誇り」としようとしている。歴史には、正もあれば負もあるし、陽もあれば陰もある。それらをトータルに直視してこそ、さまざまな教訓や智恵を歴史から学び取ることができるのである。心地よい部分だけをクローズアップしてみても、単なる自己満足、自画自賛に陥るのがいいところである。むしろ、人間は、心地よい成功が、次の失敗の伏線になったことを、さまざまな失敗が次の立ち直りの土台になったということを学ぶべきである。私たちの国家や社会の失敗を自省することは、けっして「自虐」などということではない。人間は、失敗から学ぶという叡知を持っている。歴史から学ぶという偉大さをもっている。だが、それと同時に、失敗をなかなか自覚できない、歴史の教訓をいとも簡単に忘れ去ってしまうという弱点を持っている。

今日、歴史を直視できないさまざま歴史観・歴史解釈論がいまだに広く流布しているし、政界やネットの世界では、「日本人としての誇りを傷つける」ものとして「慰安婦」・侵略・植民地支配の問題が常に攻撃の対象となっている。これらに総括的な反論を加え、歴史修正主義者の「誇り」のよりどころになっている靖国問題と特攻について、歴史的に直視するとどうなるのかを説いたのが本書である。

なお、本書のⅢ・Ⅳは、前掲の『歴史修正主義の克服――ゆがめられた〈戦争論〉を問う』に収録されたものを訂正・加筆したものである。

今後の憲法改正（九条改憲）の動き、「教育再生」と名づけられた教育の国家主義的再編の動きに対して、本書が少しでもそれらへの抵抗のよりどころとなれればと思う。末筆ながら、長期にわたり私の仕事を見守り、激励して下さった高文研の真鍋かおる氏にあらためて御礼申し上げる次第である。

二〇一三年七月二二日　参議院議員選挙での「自民党圧勝」の報をききながら

山田　朗

山田　朗（やまだ・あきら）
1956年大阪府生まれ。明治大学文学部教授。専攻は日本近現代軍事史。
著書：『大元帥・昭和天皇』（新日本出版社）『軍備拡張の近代史』『世界史の中の日露戦争』（ともに吉川弘文館）『昭和天皇の軍事思想と戦略』（校倉書房）『これだけは知っておきたい日露戦争の真実』（高文研）『一度は訪ねてみたい戦争遺跡　本土決戦の虚像と実像』（監修、高文研）など多数。

日本は過去とどう向き合ってきたか

●二〇一三年　九　月三〇日――――――第一刷発行
●二〇一四年一〇月　一　日――――――第二刷発行

著　者／山田　朗

発行所／株式会社　高文研
東京都千代田区猿楽町二―一―八
三恵ビル（〒一〇一―〇〇六四）
電話０３＝３２９５＝３４１５
http://www.koubunken.co.jp

印刷・製本／モリモト印刷株式会社

★万一、乱丁・落丁があったときは、送料当方負担でお取りかえいたします。

ISBN978-4-87498-527-4　C0021